祖父の相良寿郎と猪木寛至少年。祖父とはブラジルへ向かう船内で別れることとなった

ロサンゼルス・マッカーサーパークのマッカーサー元帥の記念碑の前でポーズを取る。
当時のリングネームはリトル・トーキョー・ジョーだった

ブラジル、アマゾンの現地民と交わるショット

パキスタン、モヘンジョ・ダロ遺跡を観光中の1枚

イラク、「平和の祭典」でのワンシーン

北朝鮮の名勝、金剛山の清流を泳ぐ

北朝鮮の学校を訪問した際のカット

夕日が落ちるパラオの海に佇む

アントニオ猪木
世界闘魂秘録

アントニオ猪木 著

双葉社

はじめに

俺が家族とともにブラジルに移住したのは１９５７年、14歳のときだった。オヤジ（力道山）にサンパウロでスカウトされ、日本に戻ってプロレスラーとしてデビューしたのが17歳。その３年後には修行のため、単身アメリカに渡った。

23歳で帰国し、東京プロレス、日本プロレスを経た後、理想のプロレスの実現を目指して新日本プロレスを旗揚げした。それが29歳のときだった。

誰もが不可能だと嘲笑したモハメド・アリとの「格闘技世界一決定戦」を奇跡的に実現したのは１９７６年、33歳のときである。その後も、「アントニオ猪木と闘いたい」という挑戦者の求めに応じて、パキスタンやヨーロッパへと遠征した。

１９８９年、46歳のときには無謀とも言われながら参議院議員選挙に出馬し、史上初のプロレスラー出身の国会議員にもなった。

議員として、最初に所属したのが外務委員会と外交安保調査会である。俺はそれまで日本とほとんど交流がなかった国を中心に、どんどん現地へと飛んだ。

キューバ、イラク、北朝鮮、ロシア、アフリカ……と、休む間もなく世界中を飛び回ったが、たいていは外務省のお膳立てを待つことなく、勝手に現地に行ってしまうものだから、俺に対する官僚の評判はすこぶる悪く、有形無形の圧力もかけられた。

しかし、官僚が段取りをして、細かくスケジュールが決められた外交視察に意味があるだろうか。俺はそうは思わない。最初は人脈なんてゼロでいい。まずは、その地に行って自分の足で立つ。そこからがスタートなのだ。そうでなければ、交流の少ない国との外交関係に突破口が開けるわけがない。

政治家に限らず、日本人は発想も行動も狭い島国の枠に縛られすぎだ。自分の夢を実現するために必要だと判断したら、日本という枠を飛び越え、大胆に行動してほしい。

人生、何事もやってみなければ分からない。未知の土地も、それがどんなところかは行ってみなければ分からない。

幸運の女神は勇気と感謝を忘れない人にしか微笑まない。俺はそう信じている。

アントニオ猪木

2020年9月

アントニオ猪木 世界闘魂秘録

目次

第3章 未知なる強豪との遭遇 パキスタン・ヨーロッパ・アフリカ 93

第4章 平和のための熱い闘い ロシア・キューバ・イラク・北朝鮮 157

第1章

ブラジルで育まれた驚異の体力と直感力

3人の人生の師

子は親の背中を見て育つと言われる。口うるさく説教などしなくても、親がしっかりした生き方をし、手本を示せば、子どもは自然と正しい道を歩んでいくということだ。

これは何も親と子の関係に限らない。会社にいい先輩がいれば、新入社員はその背中を見て一人前になっていく。国会議員にしたところで、1年生議員は先輩議員、とりわけ経験豊富な大物政治家の背中を見て多くを学んでいくものだ。

しかし、現在の日本の政界に、若い議員が手本にしたくなるような魅力的な政治家がいるだろうか。はなはだ疑問である。そのような本物の政治家がいないから、派閥の領袖や先輩議員の顔色をうかがい、自分の出世を考えるスケールの小さな議員ばかりが増えていく。国会議員を長く務めた俺には、そんな気がしてならない。

俺は、これまでの人生で、その背中を見ているだけで多くを学ぶことができた人物が3人いる。

一人はプロレスの師匠である力道山。二人目が、ライバルであり親友でもあったモハメド・アリ。もう一人が祖父の寿郎だ。

俺は、5歳の誕生日を迎える前に父・佐次郎を亡くした。父はもともと警察官だったが、おふくろとの結婚を機に警察を辞め、商売を始めたのだが、これが大成功。父が経営する石炭商の会社は日本鋼管の燃料を一手に引き受けるほどの発展を遂げ、我が家はかなり贅沢な暮らしぶりだったらしい。

父が実業家から政治家への転身を考えていたという話を聞いたこともあるが、1948年に心筋梗塞で、その生涯を閉じた。まだ、戦後間もない頃である。突然、未亡人となったおふくろが子ども10人という大所帯の面倒を見られるはずもなく、俺と三男の寿一、三女の京は近くに住む祖父の家に引き取られ、残りの兄弟は母と一緒に暮らすことになった。

祖父の家は神奈川県・鶴見の総持寺近くの高台にあった。祖父が景気のいいときに別荘として買ったもので、110坪の茅葺の平屋には大きな庭もあった。

俺は父が生きていた頃から、この祖父が大好きな、典型的なおじいちゃん子だった。祖父も俺をかわいがってくれた。

戦時中のことだ。空襲警報が鳴っても逃げ遅れ、俺一人だけ防空壕に入れないことがあった。それでも泣かずにいた俺の姿を見て、

「寛至は豪胆だ。腹が据わっている」

と褒めてくれたのも祖父だったらしい。

「どんな分野でも世界一になれ！」

祖父はひと言でいえば、スケールの大きな豪傑タイプの人だった。うまくいっているときは天下でも取りそうな勢いがあるし、悪いときは無一文。そんな振り幅の大きな生き方が、子どもながら魅力的に映ったのだと思う。俺は、この祖父に憧れ、中学生になっても祖父の布団に潜り込んで寝ていたほどだった。

祖父は曲がったことが大嫌いで、同時に見栄っ張りでもあった。

祖父を頼り、いろんな客が金を借りに来たのを覚えている。そんなとき、祖父は機嫌よく彼らに酒を振る舞い、すき焼きをご馳走したものだ。まだ、戦後の食糧難の時代である。祖父の見栄のために、祖母が質屋に通って金を都合していたことは、かなり後で知った。

俺は祖父に命じられて、よく、どぶろくを買いに行かされた。その店は朝鮮人の集落にあり、あるとき、その集落の女の子がいじめられているのを目撃してしまったのだ。女の子はひどい言葉を浴びせられ、涙を流していた。

当時の俺は体こそ並外れて大きくても、性格は内気で引っ込み思案だった。しかし、その卑劣な行為を許すことができず、いじめている奴らと大喧嘩をした。まだ差別という言葉の意味も深く知らない。ただ、弱い者いじめが嫌だったのだ。おそらく正義感の強い祖父の影響もあったと思う。

「どんな分野に進んでも世界一になれ」とは、祖父の口癖だった。「石油王」「牧場王」という言葉とともに、よく夢を語ってくれた。

後年、俺がプロレスや格闘技の分野で世界一を目指したのも、祖父の存在と無縁ではない。今でも、祖父から受け継いだＤＮＡを強く感じている。

体だけは大きかった「ドンカン」時代

今だから言える話だが、俺はプロレスラーではなく、大相撲の世界に入っていたかもしれない。

とにかく体がデカかったのだ。中学に入ったときには身長が１８０㌢を超えていたから、近所でも評判だった。その噂を聞きつけ、相撲部屋の親方が来たらしい。俺自身は会ったことはないが、親方は家に日参し、俺の父親代わりでもある祖父を説得したのだという。

もちろん、俺も相撲は好きだった。しかし自分が相撲取りになりたいと思ったことはなく、むしろプロレスに魅力を感じていた。

ちょうどプロレスのテレビ中継が始まっていた頃である。うちにテレビはなかったが、隣に住んでいたのがテレビ技師の一家なのは幸運だった。近所のよしみで、その家でいつもプロレス中継を見せてもらった。

みんなが黒山の人だかりの中で街頭テレビを見なければならなかった時代、俺たちは家の中で座ってプロレス観戦できたのである。

プロレスに魅了されたのは俺だけじゃない。祖父も同じで、力道山が卑怯な外国人レスラーを得意の空手チョップで叩きのめす姿に熱狂していた。力道山は敗戦国のコンプレックスを吹き飛ばす、まるで神風のような存在だった。

だから、祖父も俺を相撲取りではなく、プロレスラーにさせたいと漠然と思っていたのかもしれない。角界入りの話は、いつの間にか立ち消えになった。

祖父は俺の身体の大きさが自慢のタネだった。客が来ると、必ず俺を呼びつけ、「手を見せろ」と言う。次は「足を見せろ」だ。そして、客に「寛至は手も足もデカいだろう」と、うれしそうな顔をした。

一般に、昔の人は身体が大きいことを評価するところがある。しかし、祖父の場合は俺に自信をつけさせたかったのかもしれない。逆に言えば、その頃の俺には、身体が大きいこと以外に取り柄がなかったということになる（笑）。

身体は大きくても、いつもボーッとしていて、要領が悪い。そんな俺につけられたあだ名は

「寛至」に引っかけて「ドンカン」。しかし、兄たちが「ドンカン」と俺を呼ぶと、祖父は決まって「寛至はドンカンじゃない」と庇ってくれた。

鉛入りの高下駄を履いて学校へ

そんな祖父が俺に、

「おい、寛至、おまえは将来、何になりたい？」

と、みんなが集まった席で聞いたことがあった。

俺が何も言えずに黙っていると、ヒントをくれた。

「〝そ〟がつく職業だ」

「そば屋？」

「違う。〝ぞーり〟から点々を取ってみろ」

要するに、俺に「総理大臣」と言わせたいのだ。言わなければ許してくれないから、仕方なく「総理大臣」と答えると、祖父は「寛至は将来、大物になる」と、上機嫌だった（笑）。

そんな俺が総理大臣ではないものの、国会議員になったのだから、天国の祖父はどう思っているだろう。

ところで、中学になった俺が一番困ったのが学生服だった。身体がデカすぎて学生服がないのだ。大学生の兄の服でさえ合わない。そこで、古着屋で買ってもらった進駐軍払い下げの背広に黒いネクタイを締めて、制服代わりにした。

靴も問題だった。学校指定の運動靴もサイズがないから、兄の寿一の下駄を借りた。兄はその頃、拓殖大学の空手部にいて、下半身鍛錬のために下駄の朴歯に重い鉛を入れており、そんなごつい高下駄で通学しなければならなかった。

今思えば、風変わりな姿だったと思う。１８０センチの中学生が背広にネクタイ、それに高下駄をはいていたのだから、いやでも目立っていたはずだ（笑）。

勉強は、まるでついていけなかった。そもそも祖父と祖母の下で育ち、幼稚園にも行っていないのだから、小学校に上がった時点で同級生とは差があった。

中学に行っても授業は面白くない。次第に学校に行くのがおっくうになり、すっかり遅刻の常習犯となった。

一度、授業の途中に教室に入り、後ろの席につくと、先生に白墨をぶつけられたことがあったが、俺が睨みつけると、それからは何も言わなくなった。

しかし、不良だったわけではない。暴力沙汰は大嫌いだった。

いじめられっ子が出合った「砲丸投げ」

いじめや体罰による事件は今も後を絶たないが、俺が子どもだった頃も、そうした行為はよく行われたものだ。しかも、俺はいじめる側ではなく、いつもいじめられる側にいた。だから、いじめられる子どもの気持ちはよく分かる。

俺がいじめられた理由ははっきりしている。人一倍体が大きく、目立ったからだ。

上級生に目をつけられ、待ち伏せされたり、追いかけられたりした。そういうときは怖いから、ただ逃げるだけだ。長い角材を振り回す相手に追いかけられ、近くの大人に助けてもらったこともある。

そんな俺が中学で選んだ部活がバスケットボール部。背が高いという理由だけで勧誘されたのだ。しかし、当時の俺は急に身長が伸びたため、自分の体を持て余し気味で、体力はあっても、機敏さに欠けた。

夏休みが終わり、2学期になった頃だった。練習中に一人の上級生が「うすのろ！」と言って、突然、俺の顔にボールをぶつけてきたのだ。痛いのを我慢していると、「おい、うすのろ」という挑発的な言葉とともに、再びボールが顔面を直撃した。鼻に手をやると、べっとり血がついている。

俺は途端に頭に血が上って自分を抑えられなくなり、気がついたときには、その上級生を思い切り投げ飛ばしていた。他の部員は誰も手を出さず、茫然とした顔で、こっちを見ていた。ふだんはおとなしい俺が凄まじい怒りを見せたので、みんなビックリしたのだろう。

結局、その上級生は肩を脱臼。そのため祖父が学校に呼び出され、俺は謹慎処分となった。上級生たちはシラを切り、1年生部員も誰一人として俺を庇ってはくれなかった。

ケガをさせたのは申し訳ないが、俺は自分が悪いことをしたとは、つゆほども思わなかった。俺の性格をよく知る祖父も事態を把握していたのだろう。ひと言も叱りはしなかった。

こうしてバスケットボール部を退部した俺は、四兄の快守の勧めもあり、今度は陸上部に入った。兄は県下の高校陸上界では、かなり名前の知られる長距離選手だったのだ。しかし当時の俺は走るのが遅いし、跳躍も苦手。消去法で残ったのが投擲競技だった。顧問の先生に言われるまま、砲丸投げをすることになった。そして、これが思いのほか自分に向いていた。

祖父から受け継いだロマンティストのDNA

当初は力任せに投げているだけだから、遠くに飛ばない。力には自信があった俺は、それが不思議でならなかった。しかし練習を重ね、自分なりに工夫するうちにコツが分かってくる。

腕力に頼るのではなく、腰のバネを使わなければ砲丸は遠くに飛ばないのだ。

まもなく俺は砲丸を投げることに夢中になり、記録はどんどん伸びた。その喜びやうれしさは、たとえようがない。まるで劣等感に塗り固められた俺の学校生活に、希望の光が差し込んだようだった。

俺は、このまま高校、大学に進んでも砲丸投げを続け、いつか日本記録を作ってやろうという意気込みだった。

しかし、人生は思わぬ形で変転する。拓殖大学を卒業した三兄の寿一が、ブラジル移民募集のパンフレットを持ってきたのだ。他の兄たちもみんな、この話に積極的に乗った。

当時の猪木家は決して裕福ではなかった。だが、今晩の夕食に事欠くほど貧しかったというほどでもない。にもかかわらず兄たちがブラジル移住に心が傾いたのは、やはり俺と同じく祖父のロマンティストのDNAを宿しているからだろう。

そして、戦後復興間もないあの時代、ロマンを実現させてくれる場所といえば、海外だった。

家族で話し合いを続け、77歳の祖父も賛同。ブラジル行きを一番渋っていた母も、最後は同意した。

まだ中学2年生だった俺は、賛成や反対を言えるような立場にない。兄たちの判断に従うだけなのだが、内心はブラジルへ冒険旅行に行くような気分だった。

その頃、俺は兄たちが買ってきてくれる『世界の七不思議』や『緑の魔境』といった冒険物語が大好きだった。いよいよ、今度は自分がアマゾンの秘境を冒険する番だ。そのときは、そんな夢見心地だったような気がする。

家族11人でブラジルへ移住

現在、日本の年間海外渡航者の数は2000万人に近い。つまり、1年に5人に1人は海外に出かけて行く計算になる。しかし、俺たち猪木一家がブラジルに移住した1957年当時、海外に行く日本人など、ほとんどいなかった。人によっては、もう二度と日本には戻って来られないという覚悟だったはずである。

大げさにいえば、ブラジル行きは月に旅行に行くほどの感覚だったのだ。

1957年2月3日。

みぞれ降る、寒い天候の中、俺たちを乗せたサントス丸は横浜港第三桟橋から出航した。サントス丸には日本からの移民約500人が乗り込んでいる。猪木家は、アメリカに嫁いだ姉と次男の康郎を除く、総勢11名だった。

同級生たちもテープを持って何人も見送りに来てくれた。五色のテープが舞う別れに感傷的にもなったが、船が外洋に出たとたん、ひどい揺れにより全員が激しい船酔いに襲われた。俺も例外ではなく、感傷に浸るどころではなかった。

しかし、海上は見るものすべてが初めてで新鮮だった。トビウオの群れが船に飛び込んでくることもあるし、イルカの群れが船と並走しながら遊んでいる姿も目撃した。俺は、こんな環境で14歳の誕生日を迎えた。

長い船旅で、俺にとって忘れられない場所となったのはパナマ運河である。

パナマ運河については学校で教わっていた。太平洋と大西洋は水位が違うので、三層式の運河を通過させて、水位を調整していく仕掛けになっている。船は運河の中に入るとエンジンを切って鉄道に引っ張られていく。

運河を航行中、祖父は俺たち兄弟を呼んだ。長い船旅で疲労を隠せなかった祖父だが、このときばかりは顔が生き生きしていた。

「実は、以前、この鉄道の権利を買わないかという話があったんだよ。でも結局、買わなかった。権利は、あるドイツ人が手に入れた。もし、俺が買っていたら、世界的な財閥になっていたかもしれんな」

話が持ち込まれた頃、祖父は米相場で当てて、景気が良かったらしい。俺は祖父の話に感心しながら、運命のいたずらを思った。今は移民としてパナマ運河を通過中だが、この鉄道のオーナーになっていた可能性もあったのだ。

おじいさんは海の守り神になった…

もしかしたら祖父は、このパナマ運河を一目でも見て、かつての夢に思いを馳せるためにブラジル行きを決意したのではないか……。

結局、このときの会話が俺が祖父と交わした最後の言葉になってしまった。

船はパナマ運河を抜け、クリストバルという港に寄港した。上陸が許可されたので、俺はすぐ上の兄と下船した。驚いたのは山のように売られている青いバナナである。100本以上ついた房がわずか1ドル。当時、日本では1本数百円という貴重品だった。俺たちは興奮して買い込み、船に持ち帰った。

食べてみると、まだ渋いのだが、祖父は平気で食べてしまった。よほど新鮮な食べ物に飢えていたのだろう。これがいけなかった。バナナは青いうちは毒性が強いのだ。祖父は腸閉塞であっけなく息を引き取った。長い船旅で体力は相当奪われていただろうし、船の中だから満足な治療や手術ができるはずもない。やむを得ないことだった。

葬儀は船上で営まれ、亡骸はカリブ海に葬られた。

祖父が大好きだった俺は泣きじゃくった。涙がいつまでも止まらない。おそらく人生で一番、涙を流した時間だったと思う。そんな姿を見た船長がやって来て、俺に声をかけてくれた。

「君のおじいさんは海の守り神になったんだ。だから、ここを通るとき、世界中のすべての船が汽笛を鳴らすことになるんだよ」

俺は、この話を信じた。世界中の船が汽笛を鳴らすのは赤道を通るときの合図だと知ったのは後年のことである。しかし、「海の守り神」という言葉は俺の記憶の奥に深く刻まれた。今でも海を見ると、祖父がどこかで見守ってくれているような気がすることがある。

「どんなに波が高くとも、前へ進んでいけ」

それは、祖父が俺に託した最後のメッセージだったのだと思う。

まるで奴隷のような過酷な労働

現在、日本で働く外国人労働者は160万人を超える。少子高齢化による人手不足もあり、これからさらに外国人労働者は増えていくはずだ。2019年4月に改正出入国管理法が施行されたのも外国人労働者の受け入れを促進するためだ。

こんな時代からは考えられないだろうが、つい半世紀前までは日本人が移民として海外に移住していた。

俺たち猪木一家がブラジルに移住する以前、ブラジル移民は農業従事者に限られていた。それが農業未経験者も対象としたため、俺たちも移住を決意したわけだが、未経験者を対象とした募集はこれが最初で最後だったらしい。よほど結果が芳しくなかったのだろう。

ブラジルでの生活はとにかく過酷だった。2か月に近い長い船旅を経て、俺たちがサントス港に着いたのは4月。入国手続きを終えると、異国気分を味わう間もなくケーブルカーのような列車に乗せられた。しかし列車と言っても名ばかりで、座席もガラス窓もドアもない暗い箱でしかなかった。

サンパウロの町で夜汽車に乗り換え、さらに800キロ。リンスという小さな駅に着くと、トラックの荷台に乗せられ、さらに数十キロ奥地のジャングルへ。デコボコ道を激しく揺られながら目的のコーヒー園にトラックが到着したのは夕暮れどきだった。

俺たちに用意されていたのは土間に板張りの家である。電気も水道も通っていない。驚くべきことにトイレもない。しょうがないから、コーヒーの木の根元に行って、小枝で穴を掘って済ますしかなかった。もちろん紙もない。コーヒーの葉で尻を拭くだけで、これが翌日からは当たり前の習慣となった。

俺たちがやってきた土地は想像していた南の楽園とはまるで違った。着いたその日から胸いっぱいに膨らんでいた希望は粉々に砕け散ってしまった。その夜は全員、おふくろが作ってくれたスイトンを食べ、すぐに深い眠りに落ちた。

そして、翌日、けたたましいラッパの音で叩き起こされ、奴隷のような労働が始まったのである。

道を挟んで延々と続く広大なコーヒー農園がネスカフェに関係したものであるのを知ったのは後年のことだ。俺たちの仕事はコーヒー豆の収穫であり、1年半の契約期間中は何があってもこの農場で働き続けなければならなかった。

夜逃げした家族が撃ち殺された

コーヒーの木は今でこそ品種改良が進み、背が低くなっているが、当時は4㍍ほどの高木である。梯子をかけないと、実をカゴの中にかき落とすことができない。しかも俺たちが受け持ったのは老木だから実が少ない。1本の木から一つかみのコーヒーしか収穫できなかった。

俺たちは実を落とすために軍手をはめて、枝をしごいた。しかし、すぐに軍手はボロボロになるため、素手でしごくのだが、手のひらに棘が刺さり、血が噴き出してくる。それでもしごいていると、皮がズルリと剝け、棘が傷口に食い込んでくる。痛みで涙がこぼれ落ちたが、作業をやめるわけにはいかなかった。

これが夕方5時まで12時間続くのだ。帰ると井戸の水で体を洗って手のひらに赤チンを塗り、豚肉の干し肉と豆だけの質素な料理を食べ、あとはボロ雑巾のように眠るだけだった。

翌日、また朝5時に叩き起こされ、傷も癒えないまま、コーヒー豆の収穫をするのである。

夜逃げした家族が撃ち殺されたという噂を耳にしたのは、ここで暮らし始めて数日後のことだった。

実際、馬に乗った作業監督は1日3回見回りにやって来た。しかも、彼の腰のあたりを見ると、常にピストルと鞭が下がっている。あらためて、とんでもない場所に来てしまったことを家族全員が実感した。おふくろなど毎晩のように泣いていた。

体こそ大人たちより大きかった俺だが、まだ14歳になったばかりだった。そんな少年が朝から晩まで12時間の重労働を課せられたのである。今なら明らかに法律違反だ。

そのつらさは筆舌につくしがたく、今もあの頃の夢にうなされることがある。

医者もいない、薬もない。頼りは自分の治癒力だけ

俺の体の治癒力は並外れているらしい。普通の人間の30倍はあると医者から言われたことも

あるのだが、確かに思い当たることは少なくない。

プロレスの試合で指を骨折しても、翌日は平気でリングに上がった。議員になってすぐ、暴漢に首を斬られたときも手で傷を押さえ、そのまま何分か講演を続けた。痛みもそれほどなかったし、大したケガだとは思わなかったのだ。

ところが、舞台を降りても出血が止まらない。病院で診察してもらって驚いた。首の傷は頸動脈にかなり近く、医者の話では、ひとつ間違えば命の危険もあったようだ。しかも、とっさに手で傷を押さえ、止血したため、大ケガには至らずにすんだ。俺はそんな状態でも、次の日、予定通り視察に出かけた。

こうした治癒力が身についたのは、ブラジルで過酷な生活を経験したからかもしれない。かの地における俺は、まさに野性児だった。

擦り傷、切り傷などのケガは日常茶飯事。

一番ひどかったのは、ペローバという恐ろしく堅い木を薪にするために斧を振るっていたときのことだ。あまりの堅さに斧が弾かれ、右足に食い込んでしまったのだ。

このときもかなりの出血があったが、なにしろ治療の術がない。医者もいなければ、満足な薬もない。ただ、水で洗うだけである。もちろん、包帯なんかしない。それでも、そのまま放置していたら、いつの間にか完治していた。傷だけは今も残っているが……。

作業中はブヨが無数にたかってきた。服の上からでも平気で刺してくるのだが、これが痛いのなんの。

サソリも山ほどいた。日が落ちて暗くなってからは、地上に落としたコーヒーの実を収穫できない。だから、作業は翌日に回す。ところが、その実の中にサソリが潜んでいて、何度か刺されたことがある。毒性が、それほど強くなかったのだろう。これも水で洗い流しておしまいである。コーヒー園には毒蛇もいたが、幸いにして噛まれることはなかった。

日本では想像できない虫もいた。砂ビシオだ。人間の皮膚に卵を産みつけるのだが、兄が一度この虫にやられ、リンパ腺を腫らしてひどく苦しんだことがある。

俺たちは夜、足の指を丹念に調べるのが日課だった。爪の隙間なんかに卵がびっしり産みつけられているから、そこを焼いた針で刺し、卵をピュッと潰すのだ。これも慣れれば、どうってことはなかった。

1日16リットルの水を飲んでも、すべて汗に

一番つらかったのは暑さである。ブラジルは昼夜の寒暖の差が激しく、朝は涼しくても、すぐに30度を超える。スコールが来た後などは、日が照ってくると、まるでサウナに入って作業

をしているようで、息をするのも苦しかった。そのうち頭がボーッとしてきて、汗が滝のように流れた。のどが渇いてたまらない。

だから、朝、素焼きの水瓶に水を入れて畑に持って行き、木陰に置いておくのだ。水瓶にはちょうど4リットル入り、普通の人はこれを1日かけて飲む。だが、俺は1日に4本を飲み干した。それでも、すべて汗になって出ていってしまう。

その頃、俺が着ていたのは、ゴワゴワの砂糖の袋を姉が縫い合わせて作ってくれた自家製シャツだった。1日の仕事を終えて、家に帰ってこのシャツを脱ぐと、冗談ではなく、シャツが身体の形をしたまま立ってしまった。しみ込んだ大量の汗の塩分が、固まってしまっているのだ。

14歳の少年にとって、どれほど過酷な労働だったか、少しは理解してもらえただろうか。

こうした労働によって俺の体力、特に背筋は知らず知らずのうちに鍛えられた。鍛えられたのは肉体だけではない。毎日、仕事を完遂するには精神力がものを言う。このとき培った粘り強さは、プロレスラー、アントニオ猪木の大いなる財産となったのだ。

兄の一人がノイローゼのような状態になり、ある日、行方不明になった。数日後、俺が草刈りをしていると、道の彼方からフラフラと歩いて来る姿が見えた。

兄は夢と現実の落差に絶望したのだろう。しかし、どんなに絶望しても、ここに戻って来るしかなかったのだ。

大自然が育んでくれた驚異の「直感力」

地獄のような労働に対しては子どもなりに不満や不合理を感じはしたが、逃げようという発想は湧いてこなかった。死に物狂いで1日1日を生きた。

おかげで強靭な肉体を作ることができたし、すさまじい暑さと湿度の気候に耐えられるようにもなった。しかも常に危険と隣り合わせの生活をすることで、どんな事態にも対応できるようになった。つまり、直感力や勘が養われたわけだ。

あるとき、好奇心を抑えることができず、一人でコーヒー畑の向こうに延々と広がるジャングルに分け入ったことがあった。

そこにはオンサと呼ばれる豹が生息していたし、30メートルを超える大蛇がいるとの噂もあった。だったら、この目で確かめてやろうじゃないか。俺の冒険心は大いにかきたてられた。

ジャングルの中は耳にしたこともない猿や鳥の神秘的な鳴き声が響き渡り、鬱蒼と生い茂る熱帯植物は昔読んだ冒険小説の挿し絵が、そのまま現実になったようだった。

ファッカオンと呼ばれる山刀のような道具で木を切り、草木を払いながら、どんどん深い森に入って行くのは、自分が小説の主人公にでもなったようでワクワクした。

ところが、夢中になるあまり、道に迷ってしまった。来た道が分からないのだ。半日ほど彷徨っただろうか。それでも俺は不安を感じなかった。どこかで自分の感覚を信じていたからだ。だいたい、この辺から入ってきたから、この方向に進めばいいだろうと勘を働かせ、なんとかジャングルから抜け出すことができた。

こうして未開の大自然で身についた直感力はプロレスラーとなり、異種格闘技戦を行ったときに生きた。未知の相手と戦うとき、勝負を左右するのは自分の勘であり、研ぎ澄まされた直感力なのだ。

直感力はビジネスにも生きてくる。モハメド・アリ戦のときも、誰もが「そんなことができるはずはない」と言って、俺を嘲笑した。

しかし、俺には「この試合は絶対にできる」という不思議なほどの自信があった。その直感があったから数々のハードルを乗り越え、世紀の一戦を実現することができたのだと思う。

満天の星の下、兄と語った「夢」

ブラジルはキリスト教の国なので、日曜は仕事が休みだった。しかし、家でゴロゴロしているわけではない。兄弟でグワンベイという近くの町まで出かける。近くといっても約20キロ。もちろん徒歩だ。早朝に家を発って、昼前には着く。

グワンベイには日系移民がたくさんいて、雑貨屋や理髪店や食堂があった。ここで生活に必要な雑貨や食料を買った後、ガラナジュースかアイスクリーム、それにハムサンドイッチを食べるのが俺の最大の楽しみだった。サンドイッチを口にほおばりながら、いつかサンドイッチを死ぬほど食べたいと思ったのを昨日のように覚えている。

町を出るのは3時頃。買ったものを背中に担いで、また数時間歩いて、来た道を戻る。コーヒー園の間を縫って歩いているうちに、陽が落ちて夜になる。この地に来たばかりの頃は真っ暗闇にしか見えなかった夜も、目が慣れてくると、50メートルくらい先までは見えるようになっていた。

手が届きそうな満天の星の下、俺は兄と2人で長い道を歩きながら、将来の夢を語り合った。当時の俺の夢それはもう一度、日本の中学で覚えた砲丸投げに挑戦することだった。ずっしりと重い砲丸を1センチでも遠くに飛ばそうと、必死になってトレーニングした日々の記憶が鮮やかによみがえった。

しかし、ここは日本から見れば地球の裏側だ。しかも、コーヒー園とジャングル以外に何もない土地である。こんな辺鄙な場所で、再び砲丸に出合えるとは思いもしなかった。

地獄のような暮らしから抜け出すためには、家族全員が力を合わせなければ、どうしようもなかった。

旧移民と新移民の間に生まれた確執

その頃、おふくろからよく言われたのは「上には上がいる」という言葉だった。自分が一番だと思って有頂天になってはいけないという意味で、今でも俺の教訓になっている。

当時、俺たち家族は朝から晩まで必死に働き、他の家族よりたくさんのコーヒー豆を収穫した。しかし、大家族だから当然と言えば当然のことで、俺たちは自分たちが他の日本人家族に勝ったなどとは、まるで思わなかった。おふくろが言うように上には上がいる、だから、もっと頑張らなければと思ったものだ。

ところが、悲しいかな、人間には人をやっかむ感情がある。俺たち一家は収穫量の増加に伴い、賃金が上がり、そのために他の日系移民たちから嫉妬の対象になってしまったのだ。子ども心に人間の醜い一面を見せられた気持ちだった。

結局、俺たちは兄の提案で隣の集落に引っ越し、ここでコーヒー農場における1年半の契約期間を終了した。この間は、何があっても最初の農場から逃げ出すことはできなかったのだ。

契約期間を終えた俺たち一家は、祖父の知り合いの弟さんから土地を借りることにした。つまりは小作人として働くわけだが、歩合さえ払えば収益は自分たちのものになるのだから、それまでの奴隷のような生活を思えば、俺たちにとっては天国だった。

最初は隣の日本人移民のおじさんから栽培法を教わり、綿作りに挑んだ。ところが、これが大失敗。俺たちが教わった綿花栽培の方法は間違いだらけだったのだ。

というのも、隣のおじさんは戦前にブラジルに渡ってきた旧移民であり、俺たち新移民が簡単に成功を手にするのを許せなかったのだろう。ここでも日本人の嫌な面を見せつけられたのである。

そこで次に、俺たちは落花生を栽培することにした。綿のように高度な栽培技術を必要としないからだ。このときも隣のおじさんは親切そうな態度で次々にアドバイスをくれたが、俺たちは一切無視した。

これがうまくいき、俺たちの生活にもゆとりが出てきた。農作業が終わると、三兄の寿一は空手の稽古に励み、俺や弟も教わった。日本にいた頃は長距離ランナーとして活躍した四兄の快守は空き地を一人で走っていた。

ブラジルの農園で働いていた頃の1枚。中段左側、腕を組んでいる黒いシャツの男性の右下が猪木

“恋人”のような砲丸との再会

その快守がサンパウロ州の陸上競技大会に出ることになった。俺たちは全員で話し合って、兄をいつもより30分早く仕事から解放し、その時間にトレーニングをしてもらうことにした。兄のためにできるのは、それくらいしかなかったのだ。

その甲斐あってか、兄は5000㍍と1万㍍で見事に優勝。そして家に帰ってくると、俺への土産だと言って、鞄の中からゴソゴソと何かを取り出した。

それは砲丸だった。

今思えば、そのときの喜びは、まるで離れ離れになった恋人に出会ったようなものだった。砲丸を見た瞬間、体が震え、ふだんはおとなしい俺が、その場で思わず踊りまくったほどだった（笑）。

俺は我慢できず、気がついたときには家の前の空き地に飛び出していた。足で簡単なサークルを描き、日本の中学校の陸上部時代に覚えた構えから砲丸を投擲した。すると、砲丸は自分が予想していたより、はるか遠くに飛んで行った。

歩幅を基準にした大雑把な計測だったが、その距離は14㍍を超えている。日本にいるときは8㍍を超えるのが、やっとだった。試しにもう一度投げてみると、距離はさらに伸びた。

つまり、この2年間の厳しい労働により、知らないうちに肉体が鍛え上げられていたのである。体もさらに大きくなり、身長は188<ruby>にまで伸びていた。

それから俺は毎晩のように砲丸を投げまくった。やがて円盤と槍も買ってもらい、自己流で練習した。この頃には俺も兄のように、陸上競技会で優勝することを現実のこととして考えるようになっていた。

会えるはずの力道山に会えず…

今になって振り返ると、俺と力道山の出会いは偶然ではなく、必然ではなかったかと思うことがある。何しろ出会った場所が日本ではなく、地球の裏側のブラジルなのだ。偶然というレベルでは、とてもじゃないけれど考えられない。

俺たち一家は、ブラジルで暮らし始めて2年が過ぎた頃、ようやく成功らしきものを手にすることができた。前にもふれたが、落花生栽培が大当たりしたのである。その年はブラジル中の落花生が大凶作に見舞われ、俺たちの地域だけが大豊作だった。

当然、品不足になれば値段は高騰する。例年の6倍以上の高値で売れた。バイヤーが、うちに毎日のようにやって来て、とうとう乾燥しきっていない落花生まで高値で買って行った。

俺たちは借金を完済し、まとまった金を手にした。そして落花生は二期作なので、再び落花生を植えた。

力道山の試合がマリリア市で行われたのは、その頃だった。日系人はブラジル各地にいたため、力道山一行はサンパウロから４００キロ近く離れたこの町にもやって来たのである。

俺たちの畑の地主は、地元の有力者であり、力道山の招聘委員の一人でもあった滝谷さんという方。三兄の寿一は滝谷さんに頼んで、俺を力道山に会わせるという約束を取りつけた。兄の頭には、俺の体を生かすにはプロレスラーがうってつけだという考えがあったのだろう。俺も日本のテレビで見た力道山の試合を思い出した。ひょっとしたら、自分も同じリングに上がることができるかもしれない。そう思うと、心は自然にウキウキした。

俺たちは家族でトラックに乗り、力道山の試合を観に行った。会場となった体育館は小さいうえ、照明も暗い。それでも力道山の姿だけは輝いて見えた。最後に十八番の空手チョップで勝利を収めると、日系人の観客は大喝采だった。だが、俺は力道山と対面できるというだけで興奮し、試合に集中できなかった。

ところが、俺のそんな期待は見事に吹き飛んだ。どうやら、しっかり話が通っていなかったらしい。結局、会えると思っていた力道山には会えず、俺はなんともやるせない気持ちで、帰りのトラックに揺られなければならなかった。

翌年、俺は四兄の快守とともにマリリアの陸上競技大会予選に出場した。途中の町のホテルに宿泊したのだが、町のざわめきや走る車の音が気になって眠れなかったのを覚えている。ブラジルに来て以来、ジャングルを切り拓いた土地でずっと暮らしていたので、騒音にまるっきり慣れていなかったのだ。

全国大会で優勝し、「コロニアの英雄」に

俺は円盤投げ、砲丸投げ、やり投げの3種目に出場し、円盤投げが3位。砲丸投げとやり投げはすべてファウルに終わった。しかし、幸いなことに砲丸投げは推薦枠で全ブラジル陸上競技大会への出場が決まった。

この全国大会はサンパウロで開催され、俺は円盤投げで優勝。それも大会新記録のおまけつきだった。自己流の練習で、よく優勝できたものだと思う。

兄の快守も5000㍍と1万㍍の2種目で優勝したこともあり、俺たち兄弟は「コロニアの英雄」という見出しで、新聞に大きく取り上げられた。コロニアとは現地の言葉で日系社会を意味する。つまり、俺たちはブラジルではちょっとした有名人になったのだ。そして、これが俺の運命を大きく変えることになった。

俺は大会が終わってからも円盤や砲丸の練習を懸命に続けた。目標はブラジル代表としてオリンピックに出場し、金メダルを獲ること。それを手土産にアメリカに渡り、ルー・テーズに弟子入りするのだと、勝手に夢を描いていた。

2度目の落花生も大豊作で、俺たち一家は再び大金を手にした。このとき、兄たちが話し合いで出した結論は、地主との契約を更新せず、儲けた金でサンパウロに家を買うことだった。それは、農業を捨てて、町で働くことを意味する。家を買えば金は残らないし、仕事の当てもない。しかし、俺を含め猪木一家は根っからの冒険好きなのだろう。誰も不安を抱かなかった。

そして、俺には運命の出会いが待っていた——。

力道山が俺を探していた

力道山との出会いは思わぬ形で訪れた。

俺たち一家は3年間の農業の仕事を終えて、サンパウロ州の州都サンパウロで暮らし始めた。

まもなく四兄の快守が陸上競技関係者のつてで青果市場での職を見つけてきた。レタスがぎっしり入った箱をトラックから積み下ろすのが、その仕事である。俺は夜の11時から朝8時まで働く夜勤仕事に就いた。

積み下ろす箱の大きさは約1メートル四方、深さ30センチ。かなりの重さがあり、普通は3箱ずつ担ぐのだが、俺は当たり前のように軽々と6箱を担いでいた。それを見た連中があまりに驚くので、ようやく自分が人より力があるらしいことに気づいたほどである。

「怪力の若者が現れた」という噂はまたたく間に広まり、ついに青果市場一番の力持ちといわれる黒人と俺とで、レタス箱による力比べをすることになった。

その頃の俺は上背こそ190センチに近かったが、体重は80キロもないヒョロヒョロ。しかも、まだ17歳である。対する黒人は筋骨隆々のたくましい肉体の持ち主で、とても勝てる相手とは思わなかった。

しかし、俺が十数箱を持ち上げ、あっさり勝利してしまった。かくして、俺はサンパウロ青果市場一の怪力男として認められたのである。

青果市場で働き始めて、2週間もしない頃だっただろうか。青果市場の組合長が俺たちのところにやって来て呼びかけた。

「今、力道山がブラジルに来ている。陸上の全国大会で、円盤投げで優勝した日系人を力道山が探しているんだが、誰か、そいつのことを知らないか」

同僚が、すぐに俺を指さして答えた。

「こいつです」

組合長が目を丸くしていたが、目の前の俺のほうがもっとビックリした。まさか、力道山が俺を探していたとは夢にも思わなかった。

力道山は1回目の興行が大成功だったため、2度目のブラジル巡業を敢行したのだった。しかし、こっちは夜働いて、昼は寝る生活なので、新聞を読む時間などなかった。

俺のことを力道山に伝えたのは、俺が全ブラジル陸上競技大会の円盤投げで優勝したことを大々的に紹介した新聞記者だった。

「パワーも素晴らしいが、体も大きく、プロレスラーに向いている」

そんなことを言ったらしい。力道山はさっそく興味を示し、俺を探し始めたというわけだ。

力道山の凄まじいオーラ

それにしても、運命とは不思議なものである。もし組合長のところに話が来なかったら、しかも俺が青果市場で働いていなかったら、力道山は予定通り帰国し、話はそれっきりになっていたとしてもおかしくない。

さらに運命を感じるのは砲丸投げである。俺が日本の中学時代に出合った砲丸投げから、すべては始まっている。ブラジルでも砲丸や円盤を投げていなかったら、俺は力道山に会うことは、まずなかったはずだ。

俺がこの地に来ても毎日投げ続けた砲丸は地球を半周して、とうとう力道山の足元に届いてしまったのだ。

俺は夜勤を終えると、そのまま組合長に力道山が滞在しているホテルに連れて行かれた。初めて見る力道山の存在感は圧倒的だった。身長は１８０チセンほどだから、俺より低い。それなのに、はるかに大きく見える。今の言葉で言えば、オーラが凄まじいのだ。

このとき、俺は何を話したかも、ほとんど覚えていない。人生で一番緊張した時間だったかもしれない。

力道山は緊張でパニック寸前の俺に、にっこり笑いながら言った。

「裸になってくれ」

俺は言われるままにシャツを脱いで、ズボンも脱ごうとした。

「いや、下はいい」

力道山は俺の上半身を、じっと眺めていた。

「よし、分かった。次は背中を見せてくれ」

俺は言われるまま、後ろ向きになった。

どのくらい時間がたっただろうか。力道山が俺のそばに来て、肩をポンと叩いた。

「さあ、日本に行くぞ」

こうして俺は、あっという間に力道山の日本プロレスに入門することが決まってしまったのである。

力道山の約束「3年で一人前にします」

力道山に会った日に「日本に行くぞ」と言われ、プロレス界入りが決まった俺は、その翌日から力道山のお供をさせられた。

ブラジルでも超人気のスーパースターだった力道山は、サンパウロで成功した日系人の家に招かれており、俺も一緒に回らなければならなかったのだ。

ジャングルを開拓した田舎の生活しか知らなかった俺には未知の世界であり、緊張の連続だった。俺はただ力道山にくっついて食事をご馳走になっているだけで、運命の波に巻き込まれたまま、どこかに流されてしまうような不安を抱いたのを覚えている。

力道山に認められたといっても、しょせんまだ17歳のガキに過ぎない。いっぱしに大人に混じって仕事をしていたが、家と職場を往復するだけの狭い世界しか知らないのだから、精神的には幼かったと思う。

そんな俺がプロレスの世界に飛び込むことに対し、母は反対の立場だった。

「せっかく家族全員で苦労して、サンパウロに家を持てるまでになったのだから、わざわざ危ないことをしなくても……」

それが母の気持ちだった。しかし、俺の決心は揺るがない。力道山に誘われ、俺は自分の持って生まれた体と力で生きる世界が、ようやく見えた気がしたのだ。兄貴たちも「これは千載一遇のチャンスだから」と、母を説得してくれた。

俺がブラジルを発ったのは、力道山に会って1週間もしないうちだったと思う。持ち物は着替えが入ったスーツケース一つ。出発を前に、力道山がサンパウロのコンゴニアス空港で記者会見を行ったシーンを、はっきり覚えている。

力道山は横に立っている俺を指さして、

「こいつを3年間で立派なレスラーに育てます。3年たったら、皆さんにお返しします」

と約束したのだ。このとき、力道山が口にした「3年」という言葉が、なぜか俺の心には残った。

ブラジルに来るときは船だった。だが、今度は初めて乗る飛行機で日本に向かう。プロペラ機が飛行場を離陸し、サンパウロの街並みを見下ろしたときに初めて、俺は自分がブラジルを離れ、家族とは異なる道を歩むことを実感した。

日本への直行便はない。中南米経由でまずニューヨークに行き、それからロサンゼルスへ。さらにハワイ、ウェーク島経由で東京に帰って来た。

“ブラジルの日系2世”として売り出される

1960年4月10日。俺は3年ぶりに日本の土を踏んだわけだが、何より驚いたのは力道山人気の凄まじさだった。飛行機のタラップを降りていくと、数百人のファンが待ち受けていた。そして力道山が移動すると、新聞記者が慌てて追いかけ、さらにファンの群れが後を追った。

その熱狂は近年のオリンピックやサッカーW杯で活躍した日本人選手を迎えるときとは比較にならない。力道山こそ、正真正銘のスーパースターだったと思う。

羽田空港での記者会見で、力道山はブラジル遠征の土産話や、ワールドシリーズに招聘する外国人レスラーの話をした。

そして、俺は「ブラジルの日系2世」と紹介された。そういう売り出し方をするというのが力道山のプランだったようだ。もちろん、事実ではない。しかし、プロレスの世界では絶対君主である力道山に逆らえるはずはなく、俺はそれを守らなければならなかった。

実は、ニュースで俺を見た親戚の人から力道山の家に電話がかかってきたことがある。俺は弟子兼付き人として力道山の家に住んでいたのだ。

「おい、寛至だよな？」

「違います」

「うそを言うな。その声は寛至じゃないか」

「違います」

俺は否定するしかなく、その後、親戚の人たちにはさんざん文句を言われた。やがて俺が日系2世ではないことはなんとなく知れ渡ったのだが、それでも力道山が死ぬまで2世で通さなければならなかった。

コパカバーナを臨むリオ・デ・ジャネイロのホテルでのショット

第2章

力道山没後の単身アメリカ武者修行

練習よりキツかった付き人の仕事

俺が力道山《オヤジ》と過ごした時間はわずか3年に過ぎなかったが、その思い出は尽きない。

日本プロレスに入門して、最初に驚かされたのは練習量である。スクワットにダンベル、受け身とスパーリング……。科学的な裏付けのあるトレーニングではなく、とにかく量をこなさなければならなかった。

たとえば、スクワットである。いきなり、

「1000回やれ！」

と、先輩レスラーに命じられたのだ。

灼熱のブラジルで重労働を経験している俺にすれば、それくらいは簡単にできると思ったのだが、500回もやると足がガクガクし、一度膝を落とすと、もう足が上がらなかった。それでも止めさせてくれない。歯を食いしばって最後までやらなければならなかった。

翌日は足も腕も痛く、這うようにしなければ動けなかったが、道場に行って先輩に言われた通りのメニューをこなした。不思議なもので、慣れるにつれて回数はどんどん増えて行き、3000回を平然とこなせるだけの体力がついた。

しかし、練習よりもっと大変なことがあった。オヤジの付き人の仕事だ。食事の世話、荷物運び、着替え、風呂場での背中流し……。オヤジに怒鳴られながら何でもやった。ちょっとでも気分を損ねれば、すぐに殴られるから、命懸けだった。

オヤジは手も早い上、口も悪い。俺はちゃんと名前を呼んでもらったことなどほとんどなかった。たいていは「アゴ」である。

「おい、アゴ、このくそ野郎、モタモタしてると、ブラジルに追い返すぞ!」

そんな調子だった。

酒癖も悪い。飲めば、家でも外でも暴れた。酔って、道路の横にあった大きな石を持ち上げ、走って来る車に投げつけたこともある。必死で止めたが、何台もの車のフロントガラスを壊してしまい、騒ぎになった。

この業界で言う「可愛がり」など日常茶飯事。列車でくつろぐオヤジの横でついウトウトしてしまい、火のついた葉巻を腕に押し付けられたこともある。何の落ち度もないのに、いきなりゴルフ練習用の鉛入りパターで頭を殴られたこともあった。おかげで1週間高熱が下がらず、寝込んでしまった。

しかし、肉体的な痛み以上に忘れられない思い出がある。地方巡業に行き、宿泊先の旅館を発つときだった。玄関前には力道山をひと目でも見ようと大勢のファンが詰めかけていた。

大勢のファンの前で味わった屈辱

その頃、オヤジは編み上げ靴を履いていた。オシャレなのだ。俺はひざまずいてその体を支え、うまく足を靴に入れなければならない。しかし、何かのはずみでオヤジがよろけ、足がうまく入らなかったのだ。すると、オヤジは靴ベラで思い切り俺の顔を叩いた。

誰も見ていないところで叩かれるなら、我慢もできる。しかし、大勢の人の前で味わう屈辱に涙がボロボロ頬を伝わった。

オヤジは俺のことをどう思っていたのだろうか。

憎んでいたとは思わない。むしろ俺を気に入っていてくれたのだと思う。自分が付き人を持つ身となり、さまざまな付き人と接して分かったのだが、本当に気に入ってなければ、3年も付き人をさせることはない。

俺はオヤジの恋人や愛人の送り迎えまで任されたくらいだから、他のどんなレスラーより信頼されていたはずである。

オヤジの付き人仕事はつらかったが、プロレスは俺の肌に合っていた。自分がどんどん強くなっている実感があったし、来日した外国人レスラーとも積極的に交流した。その一人がカール・ゴッチだった。

とにかく強い。それまで見たこともないような関節技で、相手を圧倒するのだ。俺はゴッチに教えを乞うために時間が空くと、外国人レスラーの控室を訪ねた。その頃、関節技を習いたいというレスラーなど他にいなかったのだろう。ゴッチは嬉しそうな顔で、関節技を伝授してくれたものだ。

俺はなんとしてでも強くなりたかった。世界一強くなりたかった。ゴッチを始めとする海外の強豪レスラーと手合わせするたびに、夢は世界へと広がった。

力道山が刺された日

1963年12月8日。俺はオヤジが赤坂のナイトクラブ「ニュー・ラテンクォーター」で暴漢に刺された日のことを今でもはっきり覚えている。

浜松でシリーズの最終戦を終えたのが前日。そのまま東京に戻ると、翌日は休みで、俺はオヤジのマンションの下にある合宿所に一人だった。みんな家族や恋人のところに行ってしまったのだ。金欠で、女もいない俺には真っ昼間から行くような場所はなかった。

やがてオヤジから電話がかかってきた。

「他に誰かいないのか」

「私だけです」

「じゃあ、すぐに来い」

言われるまま、オヤジのマンションに上がっていくと、部屋には高砂親方（元横綱前田山）ともう一人の親方がいて、みんな、上機嫌で酒を飲んでいた。

テーブルにはジョニ黒が置かれている。当時としては最高級のウイスキーだ。

「さあ、飲め」

「いただきます」

そう言って、俺は駆けつけ三杯を飲み干すと、いつものように部屋の隅っこで直立不動になった。

後になって知ったのだが、どうやらオヤジは俺を一度相撲取りにして、出世してから、再びプロレスのリングに戻すというプランを考えていたらしい。

そんなことを知る由もない俺に向かって、高砂親方が快活な声で言った。

「力さん、この若いの、いい面構えじゃないか」

それを聞いたオヤジが嬉しそうに頷いた。

「うん、そうだろう。そうなんだよ」

毎日のように怒鳴られ、殴られるだけだった俺は、このとき初めてオヤジから褒められた気がした。心の底では俺のことを認めていてくれたんだと思うと、それだけで胸に熱くこみ上げるものがあった。

あれから60年近い歳月が流れたが、このときのオヤジのひと言を聞いてなかったら、俺はその後、プロレスを続けていたかどうかさえ分からない。

オヤジが刺されたのはその夜のことだった。

1週間続いた金縛り

俺はその頃、仲の良かった大相撲の若三杉（後の大豪）と銀座で飲み、青山でボウリングを楽しんでいた。俺は金がないから、当然の如く支払いは向こう持ちだったが（笑）。

若三杉と別れ、タクシーで赤坂の合宿所に帰る途中、山王病院のすぐ横の道が封鎖されていた。警察官に事情を尋ねても何も教えてくれない。まさかオヤジが刺されて山王病院に入院したとは思いもしなかった。

合宿所に戻ると、ハチの巣をつついたような騒ぎになっていた。日本刀を持ち出して「仇を討ちに行く」と、わめく先輩もいる。事態を知った俺は茫然とするしかなかった。

翌日、オヤジの手術は成功し、回復に向かったように思われた。付き人でもある俺は毎日、病室に通って看病である。治療の際に暴れるオヤジの足を看護婦さんに代わって押さえたこともあった。

亡くなったのは刺されてから1週間後の12月15日。その日、一緒に看病した同僚レスラーが車の中で、

「こういう人って亡くなるときは意外に早いんだよ」

と、つぶやいたのが妙に印象的だった。

戦後最大のヒーローのあまりにも呆気ない死。俺は頭の中が真っ白になり、何も考えられなかった。

自宅に遺体を運ぶと、家の中ではいろんな人たちが集まり、オヤジの財産の話をしていた。まだ20歳の俺には、人間の貪欲さが浅はかに思え、なんとも嫌な気分になった。

一方に悲しい「死」があり、もう一方には生臭い「お金」の話が行われている。今思えば、その光景は人間社会の縮図のようでもあった。

その晩、俺は金縛りにあった。

ふと、足元のほうを見ると、オヤジらしい人影が立っている。目を凝らすと、怒った形相で俺に何かを伝えようとしているようにも見えた。

思わず飛び起きると、汗びっしょりだ。そんな夢が1週間続いた。オヤジの顔はいつも厳し

かった。ふがいない俺を叱咤したかったのだろうか。刺された日に見せたオヤジの嬉しそうな笑顔。夢に出てきたオヤジの厳しい顔。どちらの顔も俺の脳裏に深く刻まれている。

「アメリカへ来い」と言ってくれたサニー・マイヤース

俺がアメリカへ修行に旅立ったのはオヤジが亡くなった翌年、1964年の3月のことである。

当時、アメリカ行きは、この世界で出世するためのチケットのようなものだった。すでにジャイアント馬場とマンモス鈴木がアメリカに渡っており、次は俺が行く番だった。ところが、膝をケガしたため、遠征は先送りになっていた。

オヤジが亡くなったのは、そんな時期だった。

本気でアメリカ遠征を考え始めたのは、サニー・マイヤースというプロレスラーのひと言だった。来日したマイヤースは俺の実力を高く評価してくれたのだ。しかも、毎日のように俺がオヤジに殴られるのを見て、心配したらしい。

「早くアメリカに来い。おまえなら、間違いなくチャンピオンになれるし、金も稼げるから」

オヤジの死後、日本プロレスは豊登をトップに遠藤幸吉、吉村道明、芳の里の3人の幹部が支えるという新体制に代わった。マイヤースの勧めもあり、俺はアメリカに渡るなら、この時期しかないと思った。

会社の方針も若手のレスラー育成に本腰を入れることが決まり、新社長の豊登さんは俺にアメリカ行きのチャンスをくれた。

タイミングよく豊登さんのハワイ巡業が決まった。俺も同行し、ハワイで試合をこなした後、アメリカに渡る段取りになった。

豊登さんとは不思議にウマが合い、ずいぶんかわいがってもらった。プロレスファンならご存じのように、元幕内力士で、怪力で鳴らした人気レスラーである。

しかし、お金のルーズさに関しては尋常ではない。ギャンブルが三度の飯より好きな人だった。

今だから言える話だが、一度、こんなことがあった。力道山の結婚式の最中に豊登さんに誘われた。

「おい、カンちゃん、今から行こうぜ」

こうして結婚式を抜け出した俺たちは、彼がよく行く賭博場に行ったのだ。初心者の俺が、なけなしのギャラ40万円を失ってしまったのは当然だった（笑）。

リングサイドに待ち構える借金取り

豊登さんには、こんなエピソードもある。

あるとき、力道山とタッグを組んで試合をし、先発の豊登さんが外国人レスラーと激しい攻防で観客を沸かせた。ここまではいいのだが、一向に力道山にタッチしようとしない。

「どうした。早く、こっちに戻ってこい！」

力道山が何度怒鳴っても、タッチしないのである。

後で聞いた話では、リングサイドには借金取りが押しかけて来ており、リングの中にいるのが一番安全だったらしい（笑）。もちろん、その借金はギャンブルによるものである。

こんな人とハワイに行って、3週間の巡業を行ったのである。普通に終わるはずがない。

案の定、豊登さんは試合をする気がまるでない。

「カンちゃん、頼むよ」

そう言って、俺を代役に立てると、本人はどこかでギャンブルをして遊んでいたのである。

俺が最初に試合をした相手は地元ハワイのチャンピオン、プリンス・イヤウケア（その後、キング・イヤウケア）。その頃、イヤウケアは人気絶頂期にあり、会場は超満員に膨れ上がった。そんなリングで俺とイヤウケアは大乱闘を繰り広げ、観客を熱狂させた。

その後、俺は小さな島々を転戦。ついに豊登さんがリングに立つことは一度もなかった。

それでも、俺はうれしかった。試合のギャラが予想以上だったからだ。

たとえば、イヤウケアとのタイトルマッチでは400ドル。1ドル360円の時代である。日本では一巡業（40試合前後）で1万円程度の小遣いしかもらっていなかったから、俺にすれば夢のような金額だった。しかも滞在費は会社持ち。ギャラは、まるまる残ることになる。

俺はドル紙幣を数え、ホテルでほくそ笑んだ。

「ハワイで、これだけ稼ぐことができるんだ。アメリカのリングで闘えば、もっと大儲けできる」

俺はハワイで豊登さんと別れ、一人、ロサンゼルスに向かった。

帰国前のジャイアント馬場さんと遭遇

ハワイでの巡業を終え、ロサンゼルスの地に立ったとき、俺はまだ21歳になったばかりだった。

現地では豊登さんから連絡を受けた日系人プロレスラーのミスター・モトが待っていた。彼のリングネームは、1930年代にヒットした日本人探偵のキャラクター『ミスター・モト』から取っている。

その頃、彼は日本プロレスがアメリカ人レスラーを招聘する際の窓口で、今回の俺のアメリカ修行でもブッキングしてくれることになっていた。

「私に任せておきなさい。すでに、すべて手配がすんでいるから」

そう言って、笑顔で太鼓判を押してくれた。

その夜は日本人街にある『若柳』という料理屋に行った。この店の日本人オーナーが大のプロレス好き。日本から来たレスラーの面倒を見てくれるので有名だった。その後、俺もずいぶん世話になった。

店には俺と入れ違いで帰国するジャイアント馬場さんもいた。馬場さんはすでにデトロイトでルー・テーズ、ニューヨークでブルーノ・サンマルチノの世界タイトルに挑戦したという。すっかりレスラーとしての格を上げての帰国だった。それでも力道山亡き後の日本プロレスが心配な様子だった。

これからアメリカ修行が始まる俺に、「がんばれよ」と声をかけてくれた。

翌日、ロスを発って、最初の目的地であるカンザスシティの空港に到着した。ミスター・モトは、

「すべて段取りはできているから、心配はいらない」

と言っていたので、俺はてっきり出迎えの人が来ているものと思っていた。相手が俺をプロレスラーだとひと目で分かるように、肩を怒らせてタラップを降りたほどである（笑）。

ところが、誰も迎えに来ていない。しかたなく、手荷物を受け取るターンテーブルに行くと、今度はなかなか俺のスーツケースが出て来ない。結局、最後の最後に出てきた。俺はスーツケースを持って、空港のロビーを歩き回ったのだが、それらしき人は、どこにも見当たらない。初めて訪れた異国の地で、まさかこんな事態に遭遇するとは思いもしなかった。ミスター・モトからは現地のプロモーターの名前も聞いていなかった。我ながら間抜けだと思ったが、後の祭りである。

やむなく電話帳で、自分が知っているプロレスラーの名前を探したが、それも見つからない。

救世主は黒人のポーターだった！

困り果てた俺は空港の職員をつかまえて話をするしかなかった。しかし、英語はしゃべれない。そこで、自分が知っているプロレスラーの名前を次々に挙げた。

ルー・テーズ、パット・オコーナー、ザ・デストロイヤー、フレッド・ブラッシー……。

相手はキョトンとした顔をしている。このとき初めて、アメリカではプロレスがメジャーな格闘技として認知されていないのが分かった。

日本ではプロレスは高いテレビ視聴率を誇り、力道山の名前なら日本中の人が知っている。ところが、プロレスの本場アメリカでは、ルー・テーズの名前さえ知らないのだ。

さあ、困った。もはや打つ手がない……。

そう思って、ロビーで天井を見上げて茫然としていると、俺と空港職員のやりとりを見ていた黒人のポーターが声をかけてくれた。幸運にも、彼は大のプロレスファンだったのだ。

俺が和英辞典を片手に懸命に説明すると、事情を察してくれた。そして、親切にも、プロモーターのオフィスを電話帳で探し出し、連絡を取ってくれたのだ。

「日本から若いレスラーが来ている」

そんなことを言ってくれたのだろう。しばらくすると、迎えの人がやって来て、プロモーターのオフィスが入っている古いホテルに連れて行ってくれた。

俺はチェックインをすませて狭い部屋に入ると、荷物を放り出し、倒れるようにベッドに横になった。

数時間しただろうか。ドアをノックする音が聞こえる。プロモーターだった。

「これから試合に行くから、すぐに支度してくれ」

俺は疲れ切った体に鞭打って、部屋を出た。

モンゴリアン・ストンパーの精力絶倫ジュース

憧れのアメリカは日本より、はるかに厳しい世界だった。言葉が通じないだけでなく、最初の頃は親しい友達もいなかった。おまけにギャラは安い。

カンザスシティを拠点にサーキットするようになってからの唯一の楽しみといえば、食べることだけだった。まだ21歳。人生で一番の食べ盛りである。

レスラーたちの車に乗せてもらって移動しているときも、腹が減ってしょうがなかった。車が停車するたびにバカでかいホットドッグやハンバーガーを買い込んでは食べるもんだから、巨漢のアメリカ人レスラーたちがビックリしていた。

彼らと安い中華料理店に行って、片っ端からメニューを注文しては猛烈な勢いで平らげ、俺一人で100ドル分を食べたこともあった。1ドル360円の時代である。日本円にすれば3万6000円だ。

現在の貨幣価値にすれば、どのくらいだろうか。調べてみると、1964年頃の公務員の初任給が約2万円だ。これを基準に考えると、俺は30万円以上の量を食べたことになる。

アメリカにも、これほど食べるバカはそうはいない。おかげで「大食いの日本人がいる」と現地で噂になったほどだった（笑）。

慣れない土地ではあったが、半年もした頃にはレスラーの仲間もできた。

その一人がモンゴリアン・ストンパーである。日本のマットにも何度か上がったことがあるから、往年のプロレスファンなら記憶している人も多いだろう。名前の通り、ストンピング（踏みつけ）で攻撃するブルファイターだ。

もともとカナダ出身のレスラーなのだが、その風貌がアジア人のようだというので、俺とのタッグで「アジア人コンビ」として売り出されたこともあった。

その彼が自宅に招いてくれたのだ。驚いたのは、それまで見たこともないほど大きな冷蔵庫。扉を開けると、中には大量のニンジンが、ぎっしり入っている。見た限りは、まったく普通のニンジンである。

ストンパーはこのニンジンをジューサーにかけて、ジュースを作るのだ。それを特大ジョッキでご馳走してくれるので、彼の気持ちに応えようと、次々に飲み干した。気がついたら、6杯も飲んでいた。

その効果はてきめんだった。翌朝からムスコがやたらと元気になってしまい、3日間勃ちっぱなし（笑）。たまたま試合がなかったからよかったが、あのままリングに上がって試合をし

ザ・モンゴリアン・ストンパー（左＝背中）とタッグを組み暴れ回る猪木（当時、トーキョー・トム)、米カンザス州カンザスシティー・ニューオーデトリアム

ていたら、どうなっていたことか。ニンジンパワーには恐れ入る。

新人ハリー・レイスを徹底的に痛めつける

プロレスの試合のない日曜日はボウリング場に行くことが多かった。

ある日曜日、ボウリング場で一人の老人に声をかけられた。老人たちはボウリングのサークルをつくって、日曜日ごとに試合をして楽しんでいたのだ。彼が俺を仲間に加えてくれたおかげで、よく一緒にボウリングをしたものだ。

しかも、老人たちは俺がレスラーだと知ると、一目置いてくれた。空港で途方に暮れていた俺を助けてくれたポーターがそうであったように、俺はプロレスファンに出会うと、それだけでうれしかった。

彼らと出会わなかったら、俺はもっと孤独な時間を過ごしていただろう。ある老人は俺のことをいたく気に入り、養子にして、家業を継がせたいとまで言ってくれた。

日本から来た若造を自分たちの仲間として扱ってくれた、あの老人たちには今でも感謝している。

当時の試合で鮮明に覚えているのはハリー・レイスとの対戦だ。

レイスは俺とは同い年で、後にNWA世界チャンピオンに8度も輝いた。来日回数も多く、日本では「美獣」の異名で人気だった。

そのレイスのデビュー戦の相手を俺が務めた。もちろん、新人だからと言って容赦はしない。手加減なしにレイスの喉を突き上げると、あっけなく血を吹いて倒れてしまった。試合会場に来ていた家族は、

「あいつを殺してやる」

と、大騒ぎしていたらしい（笑）。

そんなレイスも昨年8月に他界。かつての同志が次々に俺の前から消えていく……。

観光ビザで仕事をし、強制送還の危機

アメリカでの生活に慣れ始めた頃、突然、俺のところに知らない男がやって来た。男は書類を見せ、

「さあ、サインしろ」

と言う。言葉もろくに分からない俺は、何も考えずにサインしてしまった。

ところが、これが強制送還の書類だったのだ。

なんの手違いなのか、俺はワーキングビザを持たず、観光ビザで仕事をしていたのである。バカとしか言いようがない。とうに20歳を過ぎていたにもかかわらず、俺はまったくの世間知らずだった。

その頃、俺の頭にあったのはブラジルへの凱旋だった。力道山がブラジルで行った記者会見で、

「3年たったら、猪木青年を一人前のプロレスラーにしてブラジルに返します」

と言った約束を思い出したのである。それは俺の脳裏に強烈に焼きついた言葉でもあった。だから、どうせ強制送還されるんだったら、ブラジルに帰ろうと思ったのだ。

さっそくブラジルにいる兄に連絡すると、現地の大物プロモーターにコンタクトしてくれた。

「ぜひ猪木を呼びたい」

という彼の意向もあって、とんとん拍子に試合の日程が組まれていった。

俺もメラメラと闘志の炎が燃えた。3年間の修行の成果を現地の人たちに見せられるし、久々に家族に会うこともできる。

ところが、ブラジルでは直後に軍事クーデターが起きて、試合はキャンセル。俺の凱旋は夢と消えてしまったのである。

こうなったら、再びロサンゼルスにいるミスター・モトに相談するしかない。俺が訪ねると、

彼はすぐにワーキングビザの申請手続きの方法を教えてくれた。それからは毎日のように移民局へ足を運んだ。

その頃の俺のリングネームは「トーキョー・トム」。ロスではビザがないから、本名はまずい。そこで、さまざまなリングネームを使うことになった。

「トーキョー・ジョー」「カゼモト」「ナガサキ」「リトル・トーキョー」……ほとんどはプロモーターが勝手につけたものだった。

ギャラも上がった。ラスベガスでも月に1回試合が組まれたし、週４００ドルくらいにはなった。家賃が約40ドル。普通に生活すれば、それなりにお金は貯まるはずだった。

だが、そうはならなかったのは、俺が博打にハマっていたからである。

博打でスッカラカン、雨の中を30分歩いて宿へ

その頃、中華料理店の裏では必ず博打をやっていた。シーコーと呼ばれる大豆を使ったゲームで、俺は知人に誘われるまま初めてやって、５００ドルほどの大勝ちをした。いわゆるビギナーズラックなのだが、これがよくなかった。

いつの間にか、試合のギャラを全額注ぎ込むようになってしまったのである。金が貯まるわ

カンザスからロサンゼルスに入った際の1枚

けがない。

そうこうしているうちに、やっとワーキングビザを取得できた。日本プロレスとは縁が深い、ザ・デストロイヤーらが働きかけてくれたらしい。

そして俺は、プロモーター、ハリー・エリオットと契約を結んだ。日本人妻を持つエリオットは俺のことを親身になって世話してくれた。しかもアメリカというのは日本と違って、可能性のあるレスラーをどんどん抜擢することが分かった。

新人にもチャンスを与え、対戦相手に対して実力をアピールさせ、人気を煽っていくのである。エリオットがまさにそうだった。

しかし、試合会場だったオレゴン州ポートランドにも中華料理店はある。店の裏口のドアを開ければ、そこは博打場。俺の博打が収まることはなかった。

ある土曜の番だった。ギャラを持って博打場に直行したのだが、負け続けてスッカラカン。降りしきる雨の中、俺は宿まで30分歩いて帰った。

ホテルの部屋で茫然としながら、鞄をひっくり返してみると、ポトンとお金が落ちてきた。50セント玉が2枚。俺は喜び勇んでパンと牛乳を買ってきて、空腹を満たした。

しかし、翌日は日曜日で試合がない。金がないのだから、まる一日、何も食べずに過ごすしかない。

「俺はアメリカまで来て何をやってるんだ……」

そう思うと、情けなくて、自分が嫌になった。

最初の妻ダイアナとの出会い

俺の最初の妻であるダイアナ・タックに出会ったのは、アメリカでの生活にもプロレススタイルにも慣れ始めた頃だった。生活に慣れたといっても、やはり孤独は募る。切に恋人が欲しいと思った。

クリスマスの夜、あるレストランで開かれたパーティに俺も招待され、そこで知人に紹介されたのがダイアナだった。

俺とは同い年。髪が黒いスパニッシュ系の美人だった。かなり積極的な女の子で、いつの間にか、俺たちは一緒に暮らすようになっていた。ただし、最後まで入籍はしなかった。

彼女と暮らし始めて2～3か月たった頃だっただろうか。テキサスのプロモーターから、いい条件で声がかかった。

当時のアメリカのプロレスは2週間単位の契約で、こっちが辞めたければ、2週間前にプロモーターに言えばいいし、逆に向こうがクビにしたければ、2週間前に通告すればいいというルールがあった。

俺は相変わらず博打をやっていたし、ダイアナとの生活費も必要なため、単身テキサスに行くことにした。

チャンスはすぐに巡ってきた。サンアントニオでテキサス・ヘビー級チャンピオンのジョー・ブランチャードに挑戦することが決まったのだ。

この頃のテキサスは「プロレス無法地帯」と呼ばれ、とにかく激しいファイトが好まれた。タイトルこそ奪えなかったが、俺のファイトはファンにもプロモーターにも高く評価され、ギャラも1試合１３０ドルに上がった。さらにフォートワース、ダラスと転戦していくうちに、ギャラは２００ドル、２５０ドルと、うなぎ上りに跳ね上がった。

アントニオ猪木というリングネームを使うようになったのはこの頃からである。

俺は豊登さんが命名したこのリングネームが嫌だった。キザな感じがしたからだ。そこで、本名の猪木寛至に戻すつもりでいたのだが、アメリカ人にはアントニオ猪木のほうが覚えやすいという。だったら、迷う必要はない。

テキサスでは日系人レスラーのデューク・ケオムカと組んで、フリッツ・フォン・エリック、キラー・カール・コックス組を破り、当地のタッグタイトルも獲得した。

危険な相手はカール・ゴッチ直伝の関節技で極める！

その頃から俺は、いざとなったら誰にも負ける気がしなかった。日本にいた頃、カール・ゴッチに仕込まれた関節技がものをいった。当時、関節技を使いこなせるレスラーはアメリカにはほとんどいなかったため、「生意気な日本のガキが」とナメたファイトを仕掛けられたら、すぐに関節を極めればよかった。

確かに、アメリカにはパワーだけなら桁外れのレスラーがいる。たとえば、「狂牛」の異名があったオックス・ベーカーも、その一人で、いきなり力任せのラフファイトで勝負してきた。俺は、バックを取ってリングに転がし、関節を極めるだけでよかった。

1年後にNWA世界チャンピオンとなるジン・キニスキーとダラスで対戦したのも、この頃だ。最後に残った2人がメーンエベントを張るというルールのバトルロイヤルで、俺とキニスキーが勝ち残った。

俺は、すでに人気レスラーとして認知されていたキニスキーを食ってやるつもりだった。当時、彼は30代後半。こっちは若いから体力には自信がある。

ところが、老獪なキニスキーに振り回され、俺のほうが先にバテてしまった。早く勝負をつけようと、ペース配分も何も考えず、最初から飛ばした俺が浅はかだった。結果は時間切れの引き分け。試合運びはまだまだ下手だった。

プロレス稼業が順調に行くようになった俺は、ダイアナに送金した。すると彼女は、すぐに切符を買ってテキサスに飛んできた。そのとき、彼女が妊娠していることが分かった。

俺たちはプールつきのアパートに入居した。カンザスシティに乗り込んだときの惨めな生活を思えば、夢のような暮らしである。

その後、ダイアナは日本に来て一緒に暮らしたこともあったが、まもなく別れた。2人の間にできた娘は8歳で亡くなった。

テネシー州で火が点いた悪役人気

「アントニオ猪木なら、ホウキと戦っても観客を沸かすことができる」

こんな言葉で俺を評価してくれたのはヒロ・マツダさんだ。

仮に俺に10の力があるとして、相手が3か4程度の実力しかなくても、相手を8か9の力があるように観客には見せ、そして最後に仕留める。それをできるのが猪木だと言いたかったらしい。

ヒロ・マツダさんは力道山が牽引した日本プロレスの水が肌に合わず、単身アメリカに渡って成功したレスラーである。俺がアメリカ修行をしていた頃にはトップレスラーとなっており、ダニー・ホッジを破って、NWA世界ジュニア・ヘビー級チャンピオンに輝いた実績もあった。

そんなヒロ・マツダさんから声がかかった。

「どうだ、猪木、テネシーで試合をしないか。おまえの実力なら、間違いなく金を稼げるから」

こうして俺はテキサスを後にして、ヒロさんとともにテネシーの都市を転戦することになった。

テネシーはテキサス以上にプロレス熱が高かった。メンフィス、ナッシュビル、チャタヌガ、キングストン……どこへ行っても1万人近い会場がすべてソールドアウトになった。

しかし俺は、それまでのプロレススタイルを変えざるをえなかった。テネシーという土地はとにかく反日感情が強く、日本人だというだけでアパートも貸してくれない。

当然、プロレス会場でも徹底的にヤジられる。だったら、こっちも悪役に徹するだけだ。俺たちの反則おかまいなしのファイトに、観客はどんどんヒートアップした。

つまり、憎まれれば憎まれるほど観客は増え続けた。これは俺としては初めての経験である。プロレス人気の構造を知るうえで、いい勉強になった。

だが、悪役人気は危険と隣り合わせでもあった。たとえば、車は絶対に試合会場の近くには停められない。興奮した観客が車をめちゃくちゃにしてしまうからだ。日系人レスラーの中には身の危険を感じ、常にピストルを携帯していた者もいたほどである。

忘れもしないのは、1965年12月7日にキングスポートで行われたタッグマッチである。

俺はヒロさんと組んで地元のタッグチャンピオン、エディ・グラハムとサム・スティムボート組に挑戦した。

控室まで追ってきた暴徒と化した観客

12月7日という日付を今でも覚えているのは、この日が「パールハーバー・デイ」であり、テレビでは一日中、日本軍の奇襲作戦が放映されていたからだ。こんな日に日本人が試合をするのだから、試合会場は超満員に膨れ上がり、異様な興奮に包まれた。

試合は白熱した好勝負となったが、結局、俺たちのラフファイトで相手は血だるま。試合も俺たちが勝ってしまった。

問題は、ここからだった。俺たちは興奮が収まらない観客にリングを取り囲まれ、下に降りることができない。そのうち、椅子や空き瓶が次々に投げ込まれた。警備員が制止しようとしても、むしろ逆効果で、興奮はさらにエスカレートしていった。そして、ついには暴動寸前の空気になってしまった。

「このままリングにいたら殺される」

そう判断した俺たちは意を決して暴徒の中にダイブした。襲い掛かって来る連中を殴り倒しながら、一気に通路を駆け抜け、命からがら控室に飛び込んだ。

ところが、怒りが収まらない連中が執拗に俺たちを追いかけてきて、控室までたどり着き、扉をガンガン叩き始めたのだ。

扉が壊れ、ここに暴徒が殴り込んできていたら……今、あのときの状況を思い出しても背筋が寒くなる。

幸いにして警察隊の出動により騒ぎは収まり、俺たちは無事に試合会場から脱出できた。腕から血が流れているのに気づいたのは、しばらくしてからだった。

後で知ったのだが、第2次大戦中、テネシーの部隊は日本軍によって全滅させられたのだという。反日感情が強いのも当然だった。

アメリカは広い。その土地によって、風土も気質もまるで異なる。2年ほどの間だったが、そんな国を転戦したことは、今日の俺の財産となっている。

プロボクサーへの転向話もあった

気がつけば、アメリカに修行に来て2年の歳月が流れていた。とにかく無我夢中だった。後ろを振り返る余裕などないまま、目まぐるしい日々を必死で生きていた気がする。

当時のプロレス界は各州にプロモーターがいて、そのほとんどはプロレスラー上がりだった。資金力のあるレスラーは引退すると、地元の興行権を買い取り、そこで、さらに金儲けができたのである。日本の相撲界で、関取が引退後に親方になるようなものと考えてもらうと分かりやすい。

プロモーターにも、いろんなタイプがいた。実力のあるレスラーを大事に育てようというプロモーターもいれば、利益最優先でレスラーの将来のことなど考えないタイプもいた。

幸運なことに、俺はプロモーターには恵まれた。俺の実力とファイトスタイルを認め、次々に好カードを組んでくれたのだ。

ダニー・ホッジ、フリッツ・フォン・エリック、ディック・ザ・ブルーザー、フレッド・ブラッシーといった全米屈指の大物レスラーと対戦し、俺の人気も急上昇していった。

まだ23歳だったが、プロレスラーとしてだけでなく、一人の男としての自信も芽生えつつあった。

当時、ロサンゼルスの日本人街に行くと、親からの仕送りで留学している連中や、大企業のドラ息子たちがたむろしていた。たぶん、俺とは同世代だろう。

しかし、俺は彼らを羨ましいと思う気持ちは微塵もなかった。なにしろ、こっちはすでにプロとして活躍し、自分で大金を稼いでいる。あの頃、日本人がアメリカでドルを稼ぐのは、今とは比較にならないくらい大変なことだったのだ。

そういえば、アメリカ修行時代、ロサンゼルスのプロモーターからボクサーにならないかと誘われたこともあった。

当時、東洋人のヘビー級ボクサーが一人もいなかったため、俺に白羽の矢が立ったのだろう。デビュー戦のギャラは1000《ドル》だった。俺自身、その頃からなんにでも挑戦してやろうという意欲はあった。

しかし、話は試合直前で流れた。記憶は定かではないが、プロレスのほうが多忙だったからだったと思う。

「アントニオ猪木」の名はアメリカのマットでも売れ始め、明らかに上昇気流に乗っていたのである。まさか、この10年後にモハメド・アリに挑戦することになるとは、この時点では想像だにしなかった。

納得いかない日本プロレスからのギャラ提示

アメリカに来てから、日本プロレスからは何の連絡もなかったし、こっちから電話もしなかった。

日本の情報は、日本の興行に参加して帰ってきたアメリカ人レスラーから得る程度だった。いつかは日本に帰らなければならないとは考えていたが、もう少し先のことだと思っていた。俺は、アメリカで勝ち得たトップレスラーの地位を守るために必死だった。

日本プロレスの幹部から連絡があったのは、俺とヒロ・マツダさんがロサンゼルスをサーキットしていたときだった。俺とヒロさんに、第8回ワールド・リーグ戦に出場してほしいというのである。

しかし、俺はすぐには承服できなかった。理由は契約条件にあった。ヒロさんは1試合ごとのギャラだったのに対し、俺は週ごとのギャラを提示されたのである。

当時の日本プロレスでは日本人レスラーは1試合ごと、外国人レスラーは週ごとの契約と決まっていた。つまり、俺は日本人ではなく外国人レスラー扱いにされたのである。

日本プロレスをやめたヒロさんが1試合ごとの契約なのに、なぜ、俺が外国人扱いになるのか。正直に言って不愉快だった。

実は、その頃、日本プロレスでは大変な事態が生じていたのである。

俺は日本プロレスの事情に詳しい関係者に話を聞いて得心した。豊登さんが放漫経営の責任で日本プロレスから追放され、新たなプロレス団体を旗揚げしようと画策していたのだ。

しかも、新団体のメンバーには俺も入っているという。

週給を提示されたのは、俺が日本プロレスを脱退するものと、幹部連中が踏んでいたからだった。

ハワイですっかり仲間外れに

とにかく俺は日本に一度戻ることを決心した。1966年2月、まだ23歳になったばかりだった。

日本プロレスの幹部はこんなシナリオを考えていたらしい。

俺がまず、ハワイでトレーニングをしているジャイアント馬場や吉村道明に合流し、その様子をマスコミに取材させる。こうして話題づくりをしたうえで、翌月から開幕する第8回ワールド・リーグ戦に凱旋させるのだ。

一方、会社の金をギャンブルに流用するなどの放漫経営で、日本プロレスから追放になった豊登さんからも、「すぐにロスに迎えに行くから」との伝言が入っていた。すでにプロレス関係者から、豊登さんが新しいプロレス団体「東京プロレス」を設立するらしいという話を聞いていた俺は、正直なところ、自分の進むべき道を決めかねていた。

ところが、豊登さんは待てど暮らせど、ロサンゼルスにやって来ない。そのうち、日本プロレスのレフェリーを務めていた沖識名さんが俺を迎えに現れた。やむなく、俺は沖さんとハワイ行きの飛行機に乗るしかなかった。

道中、俺は沖さんに、日本プロレスがどうなっているか、さらに豊登追放劇の真相を尋ねたのだが、

「とにかくハワイに行けばいい。馬場も吉村もいるから、彼らに聞いてみろ」

としか答えてくれない。

ハワイではロイヤル・トロピカーナ・ホテルにチェックインした。沖さんは俺をホテルまで送り届けると、お役御免と思ったのか、さっさとハワイの自宅に帰ってしまった。

翌日、ビーチで吉村さんや馬場さんと顔を合わせると、なぜか妙によそよそしい。久々に会ったにもかかわらず、2人とも「よおっ」と挨拶してくれるだけで、日本での事情を何も説明してくれない。

俺自身は何も決めていない白紙の状態なのに、まるで豊登さんが設立する新団体への参加が既成事実であるかのような、そんな冷ややかな態度なのだ。仲間外れにされているのは明らかだった。

彼らとマスコミ向けのトレーニングを終えると、俺は翌日から顔見知りのハワイ在住の日系レスラー、ディーン樋口のジムで毎日、汗を流した。

「太平洋上猪木略奪事件」の真相

豊登さんがハワイにやって来たのは、俺たちが日本に帰国する前日だった。俺は彼の宿泊先であるパゴダ・ホテルを訪ね、一晩、話し合った。

今となっては、このとき、どんなことを話したか、あまり覚えていない。ちょうど福田赳夫さんが大蔵大臣を務めている頃で、豊登さんが、「福田さんがバックにいるから大丈夫だよ」と言っていたことは、なんとなく記憶している。

豊登さんに対しては個人的な恩義も感じていた。力道山の付き人時代、俺はひどい殴られ方をして、プロレスを辞めようと思ったことがあった。そのとき、一緒に焼き肉を食べながら、引き留めてくれたのが豊登さんだった。

確かに無類のギャンブル好きで、並外れた浪費癖はあるが、俺には、どこか憎めない、心優しい先輩だった。そんな先輩が苦境に立たされているなら、協力するのが当然にも思えた。

俺の決断には、もう一つの理由があった。それは「ジャイアント馬場」という存在である。俺がアメリカ修行をしている頃、馬場さんは力道山亡きあとの人気レスラーとして、日本マットで大活躍していた。

しかし、俺もアメリカではトップレスラーとしての地位を築いた。もはや2年前の俺ではない。

豊登さんからも、こんなことを言われた気がする。

「もし日本プロレスに復帰しても、馬場の引き立て役にされるだけだぞ」

おそらく、その通りだろう。だったら、新天地で勝負すべきだ。そのほうが俺の性分には合っている。俺はホテルにいた吉村さんに電話し、告げた。

「急用ができたので、一緒に帰れなくなりました」

後に、このときの顛末は、「太平洋上猪木略奪事件」としてスポーツ紙に書き立てられた。だが、俺自身は東京プロレス入りの決断が茨の道への第一歩になるとは思いもしなかった。

ついに東京プロレスを旗揚げ

俺の人生が借金まみれだったことは、ファンなら知っているだろう（笑）。

その始まりが東京プロレスの旗揚げだった。ハワイで豊登さんに東京プロレスに参加することを約束した俺は、1966年4月、2年ぶりに日本に帰った。

帰国早々、豊登さんからは支度金を渡された。30万円だった気がするが、記憶は定かではない。そして、そのまま豊登さんに競馬場に連れて行かれ、その30万円を彼が馬券に注ぎ込み、あっという間になくなったのは覚えている（笑）。

ギャンブルによる借金で、日本プロレスを追われた豊登さんの金銭感覚は相変わらずだった。俺は彼に言われるまま、東京プロレスの社長にも就任した。豊登さんは「俺の時代ではない」と言って、役職には一切つかなかった。

それもそのはずである。東京プロレスは豊登さんの借金対策で作られたような会社で、彼が作った数千万円の借金は、すべて東京プロレスに回されていたのである。

俺は多額の負債を抱えたまま、東京プロレスの社長兼エースとして、興行に向けて奔走しなければならなかった。

しかし、俺はまだ23歳の若造である。大卒なら社会人1年目。しかも2年ぶりに帰ってきた日本だ。暗中模索どころか、右も左も分からないまま、行動しなければならなかった。

とにかくプロレス興行を打つためには、各地のプロモーターを説得しなければならない。

しかし、日本プロレスが唯一無二の絶対的な存在だった時代に、俺の声にまともに耳を傾けてくれるプロモーターなど、いるはずがなかった。

日本プロレスから「東京プロレスには協力しないように」との通達もあったらしい。プロレス興行も他のビジネスと同様、弱肉強食の世界である。これは当然、予想されたことだった。

頼みはテレビの放映だったが、こちらも色よい返事は得られなかった。

おまけに外国人レスラーの招聘ルートもない。

というのも、当時は大物プロモーターが集まって作ったＮＷＡという組織が全米のプロレス界を支配しており、日本プロレスから手が回っていたのである。

俺が知っている有力レスラーに電話で連絡してもダメだった。どんなに高額なギャラを提示しようが、全員、答えは同じだった。

「申し訳ない。東京プロレスの興行に出たら、アメリカでの仕事もなくなると、プロモーターに釘を刺されているんだ」

「まだ見ぬ強豪」バレンタインの招聘

俺は自らアメリカに飛んで、選手を探し回るしかなかった。なんとか、アメリカ修行時代からずっと懇意にしているプロモーター兼選手のサニー・マイヤースの協力を取りつけ、ジョニー・バレンタインというレスラーの出場契約を取りつけることができた。

バレンタインは1947年にプロレスデビュー。ルー・テーズのNWA世界ヘビー級王座やブルーノ・サンマルチノのWWWFヘビー級王座にも挑戦した実績を持ち、日本では「まだ見ぬ強豪」と言われていたレスラーだった。

しかし、俺がセントルイスで初めて見たバレンタインの試合は見栄えがしなかった。荒っぽいファイトを繰り広げるだけで、技らしい技もない。しかも、やる気があるのかないのか分からないような、少しも面白くない試合だった。

このバレンタインと俺との試合が、東京プロレス旗揚げ戦のメインイベントである。他にサニー・マイヤース、ジョニー・パワーズ、ザ・ヘラキューリーらのブッキングに成功した。

日本人レスラーは俺の他に木村政雄（後のラッシャー木村）、斎藤昌典（後のマサ斎藤）、田中忠治ら、豊登さんと行動を共にした、かつての日本プロレスのメンバーだった。

豊登さんの考えでは7月には旗揚げ戦を行う予定だったが、結局、10月12日までずれ込んだ。会場は、今はもうない蔵前国技館と決まった。

しかし、会社の資金は底を尽き、マスコミ向けの記者会見はその頃、事務所代わりに使っていた渋谷の連れ込み宿で行わなければならなかった。まさに前途多難の船出だった。

今も語り継がれる伝説の名勝負

1966年10月12日、俺がエース兼社長として率いる東京プロレスの旗揚げ戦が、東京の蔵前国技館で行われた。

メインイベントは、俺とジョニー・バレンタインの時間無制限一本勝負。この試合が後にプロレスファンの間で語り継がれる歴史的名勝負になるとは、誰も思っていなかっただろう。なにしろ俺自身がそうだった。

アメリカで見たバレンタインの、およそ締まりのないファイトからは、これほど激しい試合になるとは想像できなかったのだ。

ショー的要素の強いアメリカのプロレスとは違う、シリアスなファイトを観客に見せたい。そんな俺の意志が、彼に伝わったのかもしれない。この日は、まるで別人のようなファイトで俺を攻め立ててきた。

正直なところ、序盤から大苦戦した。彼の渾身のパンチを喉に受けて血を吐いたほどだ。加えて、「毒針」とも称された凄まじい威力のエルボーが脳天や胸に飛んでくる。

１９３センチ、１２０キロ。当時38歳で、プロレスラーとしてはちょうど円熟期にあり、スタミナも底知れないものがあった。

俺もまた手加減することなく、パンチやキックを繰り出して応戦した。

場外戦では鉄柱に額を激突させられた。俺は顔を血に染めながら、得意のコブラツイストやアントニオ・ドライバーを繰り出し、リングアウト勝ちを収めた。

当時の記録を見ると、試合時間は31分56秒。しかし、試合後の俺は、１時間以上戦ったような疲労と脱力感に見舞われた。

ふと、痛みを感じた爪を見てみると、半分浮いていたほどで、いかに思い切り殴り合っていたかの証しだった。

残念ながら、テレビ中継が入っていなかったので、この一戦の映像は残っていない。

つまり、あの日、蔵前国技館にいた人しか見ていないのだ。それでも当時を知る人に会って、言われることがある。

「蔵前の試合、凄かったですね。あのときのファイトは今も忘れません」

７０００人以上の観客がいかに興奮したかは、リング上に激しく乱舞する座布団が教えてくれた。プロレスの会場で座布団が舞ったのは、このときが初めてだったともいわれる。

行き場を失い、結局、古巣の日本プロレスへ

結局、東京プロレスは旗揚げ戦から、わずか3か月で空中分解してしまった。資金力も乏しく、豊登さんの浪費癖も直ることはなかったのだから、当然の結末ではあった。

しかし、俺はバレンタインとの一戦で、プロレスラーとしての確かな手応えをつかんだ。アメリカでの武者修行の成果をファンに見せられただけでなく、今振り返っても、「燃える闘魂」スタイルの原点を確立できたとの思いがある。

バレンタインもまた秘めていた力を爆発させ、レスラーとしての魅力が一段と増したのではなかったか。

ひとたび攻撃に転じたときに、目を見開いて鬼の形相に変わることから「妖鬼」のニックネームがついたのも、蔵前での試合からだった。試合はそれほど、観客に強烈な印象を残したのである。

東京プロレスが崩壊し、行き場を失った俺に手を差し伸べてくれたのは、古巣の日本プロレスだった。「ジャイアント馬場とアントニオ猪木」という二枚看板は、興行的にもドル箱にな

ると踏んだのだろう。

日本プロレス・コミッショナーの川島正二郎氏の賛同により、俺だけでなく、若手レスラーの多くも引き取ってくれた。

ラッシャー木村は設立間もない国際プロレスへ、マサ斎藤はアメリカに活躍の場を求めた。豊登さんもやがて国際プロレスに入った。

バレンタインはその後、日本プロレスにも、新日本プロレスにも参戦したが、1975年にリック・フレアーらと乗っていたセスナ機が墜落。

バレンタインは背骨3か所、両足首、手を骨折する重傷を負い、現役引退を余儀なくされた。

俺が最後に会ったのは1990年9月30日。横浜アリーナで行われた俺のデビュー30周年記念大会での一幕だった。松葉杖をついてリングに上がった彼と、熱い握手を交わした。

その11年後、バレンタインは71歳で帰らぬ人となった。

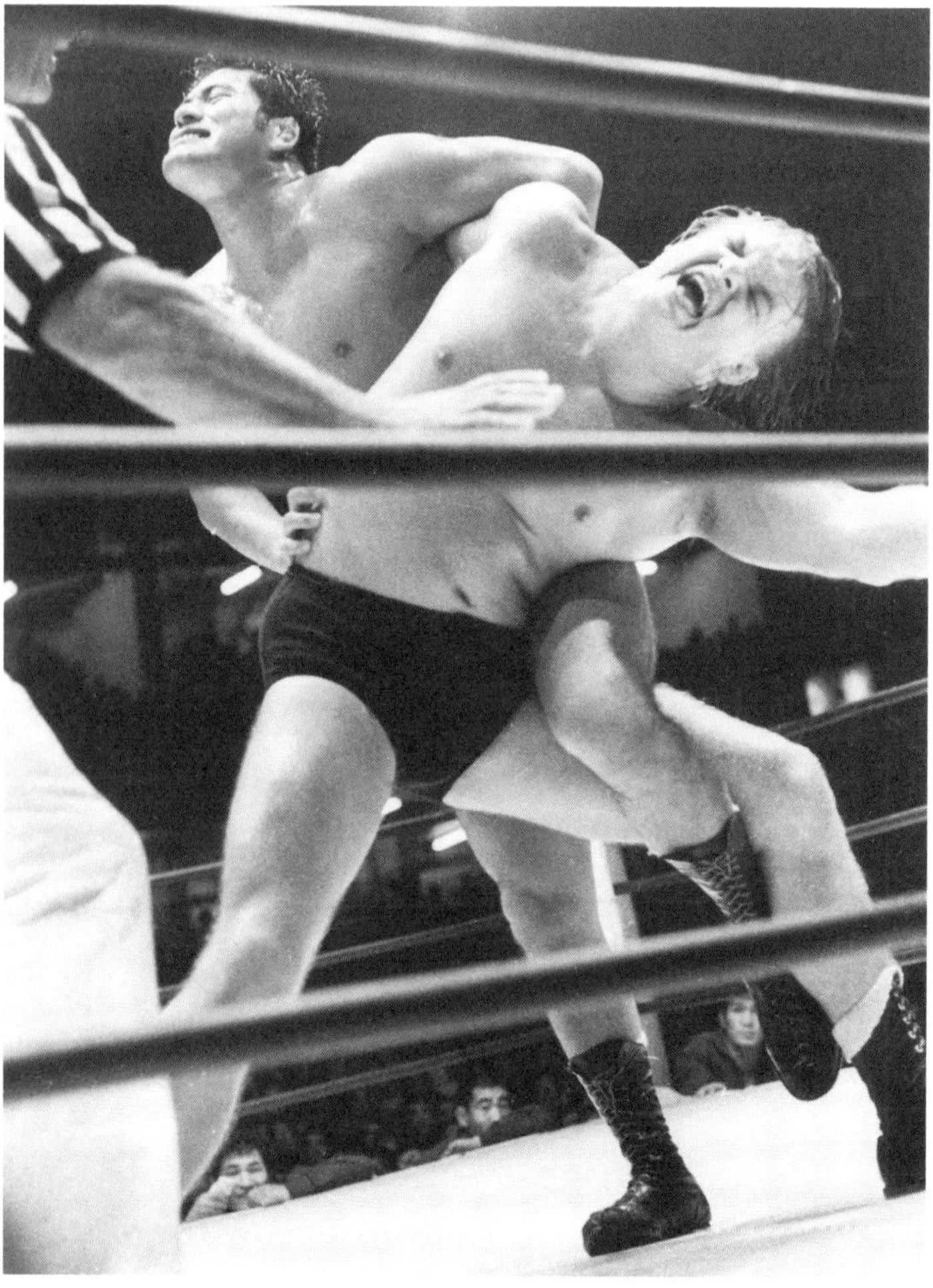

バレンタインにコブラツイストをきめる

第3章

未知なる強豪との遭遇

パキスタン・ヨーロッパ・アフリカ

20年間無敗の挑戦者　～パキスタン篇

タクシー運転手のひと言に救われる

１９７６年６月26日、モハメド・アリとの世紀の一戦が終わったあとに、俺を待っていたのは途方もない挫折感だった。

義父が買ってきてくれた翌日の新聞を見ると、酷評しかない。「看板倒れ」「世紀の茶番」「ファンどっちらけ」といった見出しが躍っており、とてもじゃないが、中身を読もうという気にならなかった。

それでも、たった一つ忘れられない思い出がある。家を出て、通りを歩いていると、１台のタクシーが目の前を通り過ぎた。すると、そのタクシーの運転手は俺に気づいたらしく、すぐに戻ってきて、目の前で停まった。窓を下ろし、明るい声でこう言ったのだ。

「猪木さん、昨日はご苦労さん。見たよ、いい試合だったね」

たったそれだけだったが、俺は救われた。人生、これで終わりじゃない。絶対に立ち上がってやる……そんな勇気をもらったのだ。

今でこそ言えることだが、アリとの一戦で俺が得たものは計り知れないほど大きい。

その後、格闘技ブームが訪れると、俺とアリとの試合は総合格闘技の原点であるという高い評価をされるようになった。要するに、総合格闘技の扉を開けるのが早すぎたのである。

そして何より知名度だ。アリと闘ったことで俺の名前と顔は世界中に売れた。特にイスラム世界での知名度は俺が考えていた以上に高く、政治家になってからは大きな武器となった。つまりマイナスだと思っていたカードが、時を経ることでプラスのカードに転じたのだ。それが人生というものなのだろう。

しかし、当時の俺が、そんなことを想像できるはずがない。茶番だ、凡戦だとバッシングを浴びせられるだけならまだしも、アリ戦で抱えた借金により、新日本プロレスは財政危機に陥ってしまった。なにしろ、アリのファイトマネーだけで18億円である。

困ったのは、アリが次の訪問先の韓国で「猪木との試合はお遊びだった」と発言したことである。アリの精いっぱいの強がりだったと思うのだが、これは、俺とプロレスに対してボディブローのように効いた。

NET（現・テレビ朝日）が新日本プロレスの中継を打ち切るという話まで持ち上がった。結局、俺は社長から会長職となり、新日本プロレスの執行部にはNETから3人の役員が派遣されることになった。

そして、アリ戦の負債を返済するために本格化したのが、異種格闘技路線である。俺は世界中の格闘家と闘うことになったのだ。

アリ戦を高く評価してくれたパキスタン

しかし、未知の格闘家と闘うのは危険を伴う。俺はアメリカでの修行時代、テネシーのリングで町の力自慢と闘ったことがある。

相手はプロレスの技など知らないが、体は俺より大きく、パワーだけは並外れている。しかも馬鹿力で攻め立ててくるため、最初は困惑した。俺は、しかたなくパンチを連打して倒し、最後は関節技で極めるしかなかった。つまり、どんな素人であっても、何をするか分からない相手と闘うときは用心が必要なのだ。

アリ戦から半年がたとうとしている頃だった。パキスタン政府から「モハメド・アリと闘ったアントニオ猪木を招聘し、格闘技の興行を開催したい」という連絡が入った。

俺の対戦相手はアクラム・ペールワンというレスラー。しかし、そんな名前は聞いたことがなかった。それどころかパキスタンがどんな国なのか、まったく知らない。加えて、先方が提示してきたギャラはそれほど高くはない。

それでも俺はパキスタンに行って、アクラムと闘うことを決めた。なぜなら、それまで縁もゆかりもなかったパキスタンという国に、あのアリ戦を評価してくれる人がいるという事実を素直にうれしく思ったからだ。俺は、その好意に応えるには挑戦を受けるしかないと判断した。

このとき、俺はアクラムの情報収集をしなかった。未知の相手との闘いが危険だと分かっていながら、その一方で、当時の俺はうぬぼれていた。

怖いもの知らずとは、まさに当時の俺のことだろう。相手は誰であろうと構わなかった。

国民的英雄、アクラム・ペールワン

アリ戦から半年後の1976年12月、俺は生まれて初めてパキスタンの大地を踏んだ。

北京経由でパキスタンの首都イスラマバードの空港に着いたのだが、飛行機が遅れたために、すでに時刻は深夜12時を回っていた。試合会場のあるカラチには、ここからさらに飛行機を乗り継いで移動しなければならなかった。

カラチに着くと、数えきれない報道陣の前で記者会見も行った。

このとき初めて、俺の対戦相手のアクラム・ペールワンが、とんでもない強豪であることが分かった。

「ペールワン」というのはイスラム世界で「最強の男」を意味する称号であり、アクラムは20年間無敗を誇るレスラーだという。ルー・テーズに勝っているとも聞かされた。

そしてアクラム一族は格闘家の家系であり、叔父にあたるのがコブラツイストの元祖ともいわれるグレート・ガマだった。

ガマはパキスタンがインドから分離独立する以前の1920年代に、当時のアメリカ最強のプロレスチャンピオン、スタニスラウス・ズビスコにも勝った。それも、ズビスコにほとんどレスリングをさせない圧勝だったと伝えられている。

イスラム世界における格闘家の地位は、日本では考えられないほど高い。強い格闘家は、それだけで誰からも尊敬されるのだ。そうした格闘家の中にあって、無敵と評価されているのがアクラムという男であり、弟子の数は数万人もいるという。俺が闘わなければならないのは、そんな英雄の中の英雄だったのだ。

ホテルにいる間は思うようにトレーニングもできなかった。外には俺に対して興味津々の野次馬が詰めかけていたから、ランニングさえできない。

ホテルの中には多数のマスコミ関係者と、それに紛れて素人カメラマンも多数いた。俺がちょっとエレベーターで上がったり下がったりしようものなら、すぐにカメラのシャッター音が聞こえてきた。どうやら、その写真をネタに商売するつもりらしい。

日光浴をしようと思って、ベランダに出れば、遠くの建物から俺を見る目が光っている。もちろん、ホテルの下から見上げているファンもいる。

新聞を見れば、「アントニオ猪木対アクラム」の試合に関する記事や俺の動向が一面のトップを飾っており、今回の試合が国を挙げての一大イベントであるのは明らかだった。

競技場の前にある小高い丘が動いた!

試合会場となったのはカラチ・ナショナルスタジアム。5万人収容の巨大な屋外競技場だ。その建物の前に小高い丘があったのだが、それが動いているので、不思議に思った俺は現地の関係者に尋ねた。

「あの黒い山は、いったい何なのですか」

「あれは人です。スタジアムに入れない人たちがタダで試合を見ようと集まったのでしょう。3万人はいるはずです」

黒山の人だかりとは、このことである。俺は5万人と3万人、つまり8万人の大観衆の前で地元の英雄アクラムと試合をするわけだ。観衆の中にはパキスタンの大統領もいた。

この大観衆が俺の敗北を待ち望んでいるのは間違いなく、これほどのアウェーの状況もないだろう。俺は、たった一人でライオンの群れの中に放り出されたような気分になっていた。

実は、パキスタン遠征の直前、俺はウィレム・ルスカとの異種格闘技戦により首がムチ打ち症のような状態になっており、コンディションは最悪だった。

しかも、現地では英語も通じないため、試合前のルール確認さえ満足にできなかった。こっちはプロレスのルールで闘うつもりでいたが、アクラム側がどう考えているかは分からない。俺はノールールでの闘いになることも覚悟した。

リングに上がる前には、セコンドの藤原喜明に思い切りビンタを入れるように頼んだ。そうでもして自分に活を入れなければ、気持ちで負けそうだったからである。

会場を覆い尽くした歓声の異様さは、東京ドームとはまるで違う。8万人のどよめきは、思わず身震いするほどだった。

リングを兵士に囲まれた中での「ノールールマッチ」

相手のレスラーがどの程度の実力の持ち主なのかは、リングで組み合えば、すぐに分かる。強いのか、互角なのか、それ以下なのか。レスラーとして無数の相手と闘ってきた経験が、それを瞬時に教えてくれるのだ。

アクラム・ペールワンと組んだ瞬間、俺は少なくとも怖い選手だとか、自分が負ける相手だとは感じなかった。

リングの周りには、銃を持った兵士が控えるという物々しい雰囲気の中での試合だったが、俺の心は平常さを保っていた。

問題は、どうやって決着をつけるかだ。

試合は1ラウンド5分、6ラウンドで雌雄を決することになっていた。しかし、試合前に細かなルールについてはほとんど説明がなされなかった。言うなればノールールの闘いである。

俺は最初からギブアップによる勝利しかないと考え、ゴングがなるや関節を取ることに集中した。しかし、アクラムは二重関節とでも言うのだろうか。関節も筋肉も異常なほど柔らかい。そのうえ、体中にオイルを塗っているから、なかなか関節が極まらない。

それでもなんとか左腕を取って、腕ひしぎ逆十字固めの体勢に入った。ところが、完全に関節が極まったにもかかわらず、アクラムはギブアップしない。このままだと腕が折れてもおかしくないのに、レフリーも試合をストップしない。

ようやくアクラムがギブアップをしたような気配が感じられたので、俺は力を緩めた。すると、アクラムは、そのまま何事もなかったように試合を再開した。

俺はアクラムの必死の形相から悟った。こいつは何があっても負けを認めるつもりはないのだ。要するにギブアップもなければ、セコンドからタオルが投げ込まれてのTKO決着もないということである。

今になって思うのだが、アクラムは「負けたら、残された道は死しかない」という崖っぷちで闘っていたのだ。リングサイドには格闘家のエリート家系である親族や弟子が陣取り、試合の行く末を凝視している。イスラム世界の英雄が、日本から来た外国人に負けることなど、絶対にあってはならないのだ。

2ラウンドに入ると、俺はアクラムのスタミナを奪う作戦に出た。バックに回り、カール・ゴッチ仕込みのフェイス・ロックで顔を締めつけた。地味だが、顔面の急所に入れれば、プロレスラーでも悲鳴を上げる技である。

防戦一方のアクラムは苦し紛れに、俺の腕に噛みついてきた。俺はやむなく、空いている手の指をアクラムの目に入れた。プロレスの裏技である。

アクラムの肩関節がグシャ!

2ラウンド終了のゴングが鳴ると、アクラムサイドは俺の目つぶしに抗議をしてきたが、先に、腕を噛むという反則を犯したのはアクラムである。

試合は、すっかり陰惨なものとなってしまった。アクラムは肩と肘、片目を負傷し、俺も噛まれた腕から血が流れていた。

しかし、なんらかの形で決着をつけなければ、この殺し合いのような試合は終わらない。

3ラウンドに入り、1分を過ぎた頃だった。俺は足をフックし、アクラムの自由を奪い、アームロックを極めた。

「いいか、折るぞ！」

俺は叫んだが、アクラムはやはりギブアップしようとしない。やむなく俺は思い切り力を入れた。すると、何かがグシャッと潰れるような鈍い音とともに、アクラムの肩関節が外れてしまった。もはや試合続行不可能である。レフリーもドクターストップを宣言するしかなかった。

最強の男と言われた国民的英雄が、8万人の大観衆の前で無敗記録に終止符を打ったのだ。しかも、相手は外国人である。

スタジアムは騒然となり、殺気立った雰囲気に包まれた。同行していたスタッフは軍隊に守られて、すぐに会場を脱出しなければならなかった。

やがてリングには、アクラムの弟子が次々に上がってきて、俺を怖い目で睨んだ。しかも、軍隊の銃口はリングに向いている。

セコンドの藤原喜明は俺が殺されると本気で思ったという。

アクラム・ペールワンの肩関節が外れた瞬間

アクラム一族に待っていた悲劇

パキスタンの英雄格闘家、アクラム・ペールワンとの死闘は、俺の勝利に終わった。

しかし、その事実に納得したくないのが、試合会場を埋め尽くした8万人の大観衆だった。

テレビで試合を見たパキスタン国民も同じ思いだろう。

怒り狂う観衆によって、カラチのナショナルスタジアムは騒然となっていたが、俺は不思議なくらい恐怖を感じなかった。

いざというときの盾になってくれていたセコンドの藤原喜明を制し、俺は静かに両手を差し上げた。

すると、興奮した大観衆の怒声に包まれ、大荒れだったスタジアムに静寂の波が訪れた。後で聞いて知ったのだが、観衆は俺が両手を挙げるポーズを「アラーの神」に感謝していると解釈したらしい。

やがて、静寂は歓声に変わり、スタジアムに割れんばかりの拍手が鳴り響いた。それは、彼らが俺の強さを素直に認めてくれた証しでもあった。

試合の翌日、ホテルで記者会見が行われた。アクラムは試合後、病院に直行し、そのまま入院してしまったため、代わりに彼の一族が全員出席した。その中で俺を鋭い目で真っすぐ見つめていたのが、アクラムの甥にあたる数人の少年たちだった。

俺はその日、パキスタン国王から正式に最強の男を意味する「ペールワン」の称号を授かった。イスラムの言語では「イノキ」は、どうも非常に発音しにくいらしく、俺は「アノキ・ペールワン」の名で呼ばれることになった。

一方、俺に敗れたアクラムは国民から凄まじいバッシングを受け、代々続いた格闘家一族の名誉と権威は完全に失墜した。同時に国民の失望も大きく、パキスタンのプロレス人気も衰退してしまったそうだ。

また、アクラム自身も俺との試合により片目を失明したともいわれ、この年限りで現役を退いてしまった。俺の腕には今もアクラムに噛まれた傷跡が残っている。その痕を見るたびに、ある種の罪悪感のようなものが俺の心には蘇る。

そして、アクラム一族との因縁は、これでは終わらなかった。

アクラムの甥・ジュベールとの対決

アクラムとの試合から3年後、一人の青年が俺に挑戦状を叩きつけてきたのだ。記者会見でテーブル越しに俺を睨むように見ていたアクラムの甥っ子たちの中の一人だ。彼の名はジュベール・ペールワン。まだ19歳だった。

地に落ちた一族の汚名をそそぐために、よほど鍛錬を積んだのだろう。すっかり逞しくなっていた。

ジュベールとは10万人を収容するラホールのガダフィ・ホッケー場で闘うことになった。

今度こそクリーンファイトで決着をつけたいと思っていたが、この試合も、なんともすっきりしない内容になってしまった。

まず前座でインド相撲が行われたため、リングの上が砂だらけ。裸足のジュベールはいいが、リングシューズをはいた俺は動きにくくてしょうがない。

しかも俺の関節技を警戒したのだろう。ジュベールは全身に丹念にオイルを塗り込んでいたため、俺はなかなか彼の体を捕らえられない。それどころか、足を滑らせ、幾度かリングから突き落とされた。

加えて40年ぶりともいわれる猛暑で、お互いコンディションは最悪だった。それでも若いジュベールにはパワーもスタミナもあった。しかし、テクニックに欠けるため、彼の関節技を逃れるのは容易だった。

だが、こっちもオイルのせいで攻め手を欠き、結局、そのまま時間切れ。

俺はジュベールの勝利で構わないと思った。彼が負ければ、今度こそ一族の凋落は決定的となる。

俺は彼の手をつかみ、高く掲げながらリングを一周した。ジュベールも勝利を確信していたと思う。陣営は花びらを巻いて大騒ぎしている。

ところが、レフリーの判定は引き分け。一族が不服としたため、ひと悶着があったが、判定が覆ることはなかった。以後、パキスタンのプロレス人気が復活することはなかった。

ジュベールもその後、31歳の若さで、ヘロイン中毒により死んでしまった。

命を懸けた30年越しの平和外交

俺とパキスタンの関係は地元の英雄だったアクラム・ペールワンや甥のジュベール・ペールワンとの試合で終わったわけではない。

1984年にはアントニオ猪木単独ではなく、長州力や藤波辰爾、バッファロー・アレン、エル・カネックらを引き連れ、新日本プロレス一行としてパキスタン遠征を敢行。各地を転戦した。パキスタン政府からの招きに応じたもので、俺たちは熱烈な歓迎を受けた。ハク大統領からは勲章までいただいた。

それから30年近い歳月が流れた2012年。俺は再びパキスタンで興行を行うことを決意した。

大きな目的は猪木流の平和外交を実現するためである。パキスタンといえば、当時はもちろん、今もテロや民族間の紛争が絶えない危険な地域だ。当然、周囲は大反対だった。

当初は11月を予定していた。しかし、11月はイスラム教シーア派の行事「アシュラ」が行われる月であり、アシュラ期間中はパキスタン全土でシーア派教徒による大規模な行進が行われる。

そのため、毎年、テロや他宗教との衝突による死傷者も多数出るという。

そこで開催を12月にずらしたのだが、外務省は例によって渡航を認めようとしない。在パキスタン日本大使館からは圧力もかけられた。

なにしろ、パキスタンでは外国大使館や領事館への爆弾テロが相次ぎ、一部地域には「退避勧告」も出されていたのだ。

だが、そうなると、俺の反骨心はむくむくと頭をもたげてくる。「ダメだ」「危険だ」「行くな」と言われると、それまで以上に、何がなんでもやってやるという気持ちになるのだ。

そもそも危険だからやるのが猪木流である。本気で平和を実現する気があるなら、まず一歩を踏み出さなければ何も始まらない。

この年は、日本とパキスタンの国交60周年という節目の年でもあった。パキスタン政府は新日本プロレスの興行に全面的に協力してくれるだけでなく、猪木平和アカデミーの設立まで約束してくれた。ここまでしてもらって行かなかったら、仁義にもとる。

俺は周囲の反対を押し切って、予定通り、12月にパキスタン行きを強行した。

熱狂的大歓迎と猪木記念日の制定

パキスタン入りした俺は今回の遠征のもう一つの目的でもあったアクラム・ペールワンの墓参りを果たすこともできた。

あの死闘から36年。ラホール市内にあるアクラムの墓には多数の現地報道陣と近隣住民が駆けつけ、身動きが取れないほどの混雑だった。俺はジュベールとアクラムの墓を順に回り、イスラム教の作法にのっとって、静かに彼らの冥福を祈った。

ラホールはアクラム一族が汗を流した道場もある地だが、遺恨の雰囲気はまったくない。それどころか、地元の人たちは俺を熱狂的に迎えてくれた。市内の至る所に俺を歓迎するための看板や横断幕があり、ジュベールの兄や弟からは贈り物を授与された。

「やはり、来てよかった。いや、来るべくして俺はここに来たのだ」

心から、そう思った。平和外交の基本はまず人と人とが出会い、交流し、理解することだ。

それが、やがて国と国の関係の構築へとつながっていく。俺は今もそう信じて行動している。

パキスタン遠征の最終戦はアフガニスタンの国境に近いペシャワル。テロの発生が最も多い地域である。

俺たち一行が宿泊したパールコンチネンタルホテルにも過去に爆弾を積んだ車が突っ込み、多数の死傷者が出るテロ事件が起きている。治安を心配する人がいて当然だった。

しかし、試合会場のカイユームスタジアムには2万5000人の大観衆が集まり、大盛況のうちに幕を閉じた。懸念していたテロも起きなかった。俺はメーンの試合が終わると、大観衆を前に叫んだ。

「ありがとう。1、2、3、ダーッ!」

会場は「アノキ（猪木）」コールに包まれた。

パキスタン政府にも俺の気持ちは通じたに違いない。この日を「猪木記念日」に制定してくれた。

テロを無くすためには教育が欠かせない

日本とパキスタンの大きな共通点は、ともに地震大国であることだ。

日本でも地震は多発し、甚大な被害を与えているが、パキスタンも21世紀以降に限っても、マグニチュード6以上の地震がすでに4回も発生している。

2013年9月にはマグニチュード7・7の大地震が発生し、500人以上が死亡、600人以上が負傷したといわれる。パキスタンに面したアラビア海では、地震の影響で新島まで形成されているほどで、その規模の大きさが分かる。

この年、18年ぶりに国政に復帰した俺はすぐにパキスタン行きを決めた。

まず現状を視察し、必要であれば支援物資を届けなければいけない。現地は大混乱に見舞われていて、情報も少ない。加えて、支援物資を届けようとしたボランティアの人たちが、過激派に狙撃されるという事態も発生している。

危険であることを理由に、俺のパキスタン行きに反対する人も少なくなかった。だが、どんなに危険でも、どんなテロ行為が横行しようとも、迷わず決断し、行動するのが俺の身上だ。

俺はボランティアであるNPOを引き連れて、私人としてパキスタンに入った。

最初に行ったのは、パキスタン北東部のラワール・ピンディーへのNPO法人「スポーツ平和交流協会」の設立だった。ここが主体となり、生活の基盤となる井戸を掘り、さらに小学校の建設に向けて尽力することになった。

というのも、パキスタンではまだ教育を受けられない子どもが少なくない。そうした子どもたちが幼い頃からテロ思想を植えつけられると、どうなるか。テロリストとして成長するのは目に見えている。そのような事態を未然に防ぐためには、何よりも教育が重要だと俺は考えたのだ。

地震復興支援とともに、国際平和もパキスタンを訪れた重要な目的だった。

当時のパキスタンでは、イスラム原理主義組織「タリバン」の問題が深刻化していた。カイバル峠の上、アフガニスタンとの国境もはっきりしないような場所に、タリバンのテロ組織の巣窟があった。

そこから選出された有力議員にドクターＪＪという人物がいたのだが、彼がタリバン関係の議員を12名連れて、ラホールにいた俺を訪ねてきた。

自分の功績など砂漠の足跡でしかない

俺のほうから働きかけなくても、タリバンの面々との直接対話が実現したのだから、願ってもないことだった。このときも案外、俺の知名度が役に立ったのかもしれない。

タリバンの問題だけでなく、テロをいかになくすかについて腹を割って話すことができた。

「なぜ、テロがなくならないのですか」

俺が問うと、

「恥ずかしい思いをしています」

と、謝罪の言葉まで口にした。さらにドクターＪＪは、こうも言った。

「外国人である猪木さんが私たちの国のことを、ここまで考えてくれていることに勇気づけられました。我々も、変わらなければいけないのかもしれない」

タリバンといえども敵対する国や組織と抗争を繰り広げ、無実の人たちの命を奪いたいわけではない。

心の奥では誰もが平和を望んでいる、俺はそう信じている。ちょっとしたきっかけで何かが動き出し、ものごとは大きく変化するのだ。俺は、そんな経験を過去に何度もしてきた。

だから、どんな場所にも出かけて行って、人と対話し、相手と協調できる糸口を探し出そうとしてきた。

「猪木さん、どうして、そんな危険なところにばかり行くんですか」

「世界中に自分の足跡を残したいからですか」

そんな質問をしてくる人がいる。

俺は、自分の実績や功績を後世に残したいなどと考えたことはない。そんなものは砂漠に残した足跡に過ぎない。風が吹いたら、人間一人の足跡なんて、すぐに消えてしまう。それでいいじゃないか。

俺の足跡が消えた後、その地が少しでも平和になっていたら、俺は本望だ。

凍てつく冬の地獄の遠征 〜ヨーロッパ篇

ローラン・ボックの野心

映画や野球がそうであるように、プロレスの中心はアメリカだ。俺がモハメド・アリと闘った頃も、ヨーロッパはアメリカや日本に比べ、プロレス人気は盛り上がってはいなかった。そこで、アリと闘ったことで名前が売れた俺に目をつけたのが、西ドイツ（現・ドイツ）のプロモーター兼レスラーのローラン・ボックだった。

ボックが来日し、新日本プロレスに協力を求めてきたのは1978年の4月だった。話を聞くと、ヨーロッパで「世界選手権シリーズ」と銘打ったトーナメントを開くから、俺に参加してほしいと言う。

それまで、俺はヨーロッパのプロレスマーケットについては考えたこともなかった。

しかし、未開拓な地であるなら、逆に今後のマーケットとしての可能性を秘めているわけだ。ヨーロッパのレスリングスタイルが、どんなものであるかという興味もあったし、遠征先でいい選手を見つけたら、日本に連れて来るのも面白いと考えた。

俺はボックの要請を快諾し、西ドイツ行きを即断した。

ボックとは、このときが初対面。どんなレスラーなのかは、ほとんど理解していなかった。ただ、噂だけは耳にしていた。

まず、アマチュアレスリングの世界ではかなりの実力者で、オリンピック候補でもあったこと。そして、プロレスラーに転向してからは、日本でも実力者として知られるジョージ・ゴーディエンコとシュートマッチを行い、足を骨折させたこともあった。

国際プロレスに何度か参戦したラフファイターのダニー・リンチと闘った際にも、やはり足を負傷させ、引退に追い込んでいる。「地獄の墓掘人」だとか「リングの墓掘人」というニックネームがつけられたのも、こうした過去の経歴があるからだろう。

もう一つ、付け加えるとするなら、相当な野心家だということだ。

わざわざ日本までやって来たのは、「アリと闘った男」アントニオ猪木の名前を利用して、自分を売り出そうという魂胆があるからに違いない。

新日本プロレスの幹部連中は当然、俺のヨーロッパ遠征には反対だった。わざわざ危険を冒してまで未知のリングに上がる必要はないというのである。

しかし、挑戦を受ければ、世界中の誰とでも闘うといのは俺のモットーだ。ボックの申し出を断るわけにはいかなかった。

遠征に同行したのは用心棒・藤原喜明

こうして俺は、この年の11月にヨーロッパ遠征を敢行した。

今になって思うのだが、よく、こんな過密スケジュールで闘ったものだと思う。なにしろ11月7日の第1戦から11月29日の最終戦まで、23日間で6か国を回りながら、20試合をこなしたのである。

しかも慣れない土地で、ろくな準備もできない中での対戦が続いた。試合形式も4分10ラウンド制。日本やアメリカとは異なる硬いマットも俺には大きな負担となり、試合を重ねるごとに肉体的なダメージが蓄積していった。

遠征に同行してくれたのは藤原喜明である。トレーニングパートナーとしても、用心棒役としても、新日本プロレスでは一番頼りになる男だった。

藤原がちょっと可哀相だったのは、俺がベンツで移動したのに対し、藤原は他の選手やスタッフに交じって、バスで移動しなければならなかったことだろうか（笑）。試合が終わり、ホテルに到着するのはきまって深夜だった。当然、街中のレストランも、ホテル内のレストランも営業していない。

しかたないので、無理を言って、ホテルのコックにサンドイッチを作ってもらったものだ。腹いっぱい肉料理を食べたいと思っても、その希望がかなうことはほとんどなかった。

加えて満身創痍。ローラン・ボックとはシリーズ中に3度闘ったが、初戦で肩を負傷してしまった。チームドクターが帯同しているわけでもなく、俺は一人、ホテルの部屋で風呂の湯につかって、ダメージがわずかでも回復するのを待つしかなかった。

必ず質問された「あなたは日本人なのか」

実は、当初の話では23日間で11試合の予定だったが、実際には20試合が組まれていた。そのうえ、俺を待ち受けていたのは、地元の英雄と言っていいような実力選手ばかり。毎試合、過酷な闘いを強いられた。

しかし、「話が違うじゃないか」と文句を言ったところで、しょうがない。相手の話を信じた俺が悪いのだ。「自分で自分の首を絞める」、あるいは「自分で蒔いた種」とでも言うのだろうか。自分で蒔いた種なら、自分で刈り取るだけだ。俺の人生は、そんなことの繰り返しのような気がする（笑）。

それでも「アリと闘い、引き分けた男」アントニオ猪木への関心は高く、行く先々で記者会見が行われることになった。

記者から必ず質問されたのは「あなたは本当に日本人なのか」「日本人なのに、なぜ、そんなに体が大きいのか」というものだった。

おそらく日本人と言ったら、「眼鏡をかけてカメラを持った小柄な民族」という固定観念のようなものがあったのだろう。それを覆す俺の肉体は、それだけで衝撃があったようだ。

まだインターネットも携帯電話もない1970年代とは、そんな時代だった。

俺の試合を宣伝するポスターもかなり仰々しいもので、「KILLER INOKI（殺し屋猪木）」の大見出しが躍り、「東洋の空手家」のような紹介がされていた。

全20試合の中には野球でいうダブルヘッダーもあった。しかも、このときはスイスからオーストリアへ移動をして2試合こなさなければならなかった。

スイスにはシュヴィングゲンと呼ばれるレスリングの一種で、日本の相撲にも似た競技がある。

まず、そのチャリティイベントに昼間参加。スイス出身のレスラー、ジャック・デ・ラサルテスと闘って反則勝ちを収めると、大急ぎで空港に移動した。日本ならありえない話だが、俺は救急車に乗せられた(笑)。

そこからはプライベートジェット機での移動だ。ところが、あいにくの大雪でジェット機がウィーンの空港に着陸できない。

おかげで何度も旋回することになったのだが、困ったのは小用である。プライベートジェット機だからトイレがないため、俺はひたすら我慢しなければならなかった。

異なる国で、1日に2度勝利

ようやく着陸したときには、時刻は夜の9時を回っていた。ここから車を飛ばして試合会場のウィナー・ホーレン・スタジアムへ。しかし、予定の試合開始時刻から、すでに2時間以上が経過していた。

「リングシューズをはいて、すぐにリングに上がってください」

現地のスタッフに急かされたが、俺の膀胱は我慢の限界に達していた。

「申し訳ない。まずションベンをさせてくれ」

対戦相手はグレコローマン・レスリングの強豪、ユーゲン・ウィスバーガー。リングに上がる前に「地元のチャンピオンですから、よろしくお願いします」と言ってきたヤツがいた。

意図は何だったのか。「少し手加減してほしい」とでも言いたいのか。もちろん、そんなつもりは毛頭ない。

試合内容は覚えていないが、俺はこの日2度目となる試合に勝利した。

ところで、このヨーロッパ遠征にはウィレム・ルスカだけでなく、もう一人の柔道王が参加する予定だと聞かされていた。

東京オリンピックの柔道無差別級で優勝したオランダのアントン・ヘーシンクである。もし、彼との対戦が実現していたら、世界的にも注目されるカードになったに違いない。

しかし、残念ながら、ヘーシンクは直前になって出場をキャンセル。すでに全日本プロレスに参加していたため、契約上の問題があったのかもしれない。

結局、俺は、このシリーズでルスカとは5度対戦することになった。対戦結果は3勝2引分け。一度も負けることはなかったが、相変わらず彼の柔道技は破壊力十分。硬いマットに何度も投げつけられた俺の身体は、もはやボロボロだった。

世界3位、アリに善戦したヘビー級ボクサーと対戦

俺が「異種格闘技戦」と銘打って挑んだ闘いはトータルで20試合ある。

相手のファイトスタイルは柔道、空手、マーシャルアーツなどさまざまだったが、この中にボクサーが4人いる。

もちろん、最初の相手は、モハメド・アリ。次が、アリと闘って善戦したチャック・ウェップナー。3人目がドイツのカール・ミルデンバーガーだった。

ミルデンバーガーもまた、世界チャンピオンだったアリに挑戦したヘビー級のボクサーで、世界ランキングは最高3位まで上がった文句なしの実力者である。

アリには12回にTKO負けを喫しているが、最後まで激しく打ち合ったファイトは高く評価され、地元ドイツでは英雄とも言うべき存在だった。

そんなミルデンバーガーとこのヨーロッパ遠征で相まみえた。

当初、彼との異種格闘技戦はシリーズの中に組まれてはいなかった。ところが、俺が初戦で柔道王のウィレム・ルスカをバックドロップ3連発で下すと、それを見ていたミルデンバーガーが挑戦状を叩きつけてきたのである。

「アリとの試合は引き分けに終わった。だったら、私と闘い、ボクシングとレスリングのどちらが強いか決着をつけよう」

そんな主張だったと記憶している。

もちろん、異存はない。挑戦状を持参したのが本当に本人の意思によるものなのか、現地のプロモーターの戦略によるものだったのかは分からない。そんなことは、どうでもいい。真に実力のある相手なら、逃げずに闘うだけである。

試合会場はフランクフルトのフェストホール。現地での関心も高く、このシリーズ最高となる5000人の観客を集めた。日本でなら、武道館でやってもおかしくないカードだ。

試合形式は当時のプロボクシングの世界タイトルマッチと同じ3分15ラウンド（現在は12ラウンド）。

しかも、ミルデンバーガーだけでなく、俺も8オンスのボクシンググローブをつけるというルール。つまり、ルール上は俺のほうが圧倒的に不利だった。

しかし、不安はまるでなかった。なぜなら、俺には経験という大きな財産があったからだ。投げ技や関節技などが禁止されるという、がんじがらめのルールの中でも、あのアリと引き分けた。チャック・ウェップナーとはグローブをつけて闘い、完勝しているのだ。

一瞬の隙をつき、延髄斬り！

それでも序盤は、ミルデンバーガーの的確なジャブとフットワークに苦しめられた。おそらく俺とアリとの試合を見て徹底的に研究してきたのだろう。タックルのタイミングを読まれ、なかなか捕まえられない。グローブを装着しているもどかしさもあった。

3ラウンドには強烈なボディへの連打の後、左ストレートを食らって、カウント8のダウンを喫した。

勝負は次の4ラウンドだった。再び強烈なパンチを食らったが、一瞬の隙を突いて延髄斬りを繰り出すと、これが見事に後頭部にヒット。

俺はすかさずマットに倒れたミルデンバーガーの足を取って、逆エビ固め。チャック・ウェップナーに勝利したときと同じフィニッシュホールドだった。

会場の観客は総立ちだった。翌日の新聞もこの試合を大きく取り上げた。東洋のレスラーがプロボクシングの歴戦の勇士に勝つとは誰も想像していなかったのだろう。それだけに、この日のファイトは従来のプロレスのイメージを変えることになったに違いない。

結局、ヨーロッパ遠征での異種格闘技戦はこの試合だけだったが、レスラーも強豪がそろっていた。

その1人がウィルフレッド・デートリッヒである。ローマ五輪ではレスリングのフリースタイルで金、グレコローマンで銀を獲得。その後も、東京五輪、メキシコ五輪と連続で銅メダルを獲得している選手で、スープレックスをはじめとする投げ技の破壊力はすさまじいものがあった。

ヨーロッパでは、こうした難敵との対戦が続いた。しかし、因縁の相手となったのは、やはりローラン・ボックだった。

慣れない硬いマットとラウンド制の試合

初めてのヨーロッパ遠征は、今振り返っても、冬のヨーロッパの侘しさが最初に頭に浮かんでくる。肉体的な寒さだけでなく、どこに行っても枯れ木が立ち並んでいるような寒々とした風景を見るだけで、気が滅入ったものである。

しかも、23日間で20試合という過密日程である。試合を行うリングのマットは日本やアメリカのものとは異なり、とにかく硬い。なんでも木の板の上に、おが屑を敷いてシートを張っただけのものだったらしい。ここに思い切り投げつけられるのだから、体が悲鳴を上げるのは当然だった。

それでも結果だけ見れば、12勝1敗7引き分け。引き分けが多い理由の一つはラウンド制である。ほとんどの試合が4分10ラウンドだったため、俺がタックルで相手を倒して捉えても、すぐにタイムアップとなってしまうのだ。

俺自身が満身創痍で、コンディションが最悪だったという事情もある。

右肩を痛めてしまったため、右腕がほとんど使えなかったのだ。ところが、そのせいで相手も俺の腕をうまく取れない。

プロレスというのは面白いもので、相手のパワーや反発を利用して腕を取り、技を仕掛け、関節を極めることができるのだ。俺も技を仕掛けるのが難しい状態だったが、相手はそれ以上に難しかったに違いない。

20戦のうち、7つの引き分けがあるのは俺が相手を倒すより、倒されない闘い方をしたからだ。これは俺が、それまでさまざまな相手と闘い、修羅場をくぐり抜けてきたからできるファイトだった。だから、

「アントニオ猪木は誰と闘っても負けない」

と、豪語できたのだ。

しかし、そんな俺が、この遠征で敗れた。20戦して、たった一度の敗北。その相手がローラン・ボックである。この遠征ではボックと3度闘った。

最初は俺が反則勝ちを収め、次が両者リングアウトの引き分け。そして、迎えた3度目の一戦は、「世界選手権シリーズ」と銘打たれたこの遠征のクライマックスとも言える試合だった。

地下プロレスのような雰囲気の中で

このシリーズでは、俺に挑戦するためにヨーロッパ出身レスラーによるトーナメントが行われ、それを勝ち上がってきたのがボックだったのである。世界選手権という呼び名はともかく、日本代表の俺とヨーロッパ代表のボックによる試合と言ってもいいだろう。

その試合会場となったのがシュツットガルトだ。ボックにとっては主戦場であり、彼は地元のヒーローのような存在だった。当然、会場となったキーレスバークは完全アウェイの状況で、試合前からボックを応援する声に包まれていた。

一度でも、この試合の映像を見たことのある人なら分かると思うが、会場全体が薄暗く、まるで地下プロレスでもやっているような雰囲気である。だから、試合内容もよけいに凄惨な印象を与えたようだ。

ボックが俺との決勝戦に賭けていたのは明らかだった。ヨーロッパではすでに実力者として名前が通っていたが、アメリカでは無名に近い。「モハメド・アリと闘って引き分けたアントニオ猪木」に勝って、一気に表舞台に駆け上がろうと目論んでいたのである。

俺自身がそうだから分かるのだが、ローラン・ボックというレスラーも相当な野心家なのだ。自分を取り巻く現状を打ち破ろうとするエネルギーは、すさまじいものがあった。

しかし、俺とボックとではプロレスの概念はまるで違う。俺が力道山の時代から受け継ぎ、アメリカ修行で身につけ、磨いてきたのは大衆に見せるプロレスだったが、ボックは逆に「見せる」ことを排したシリアスなプロレスだった。

ついに幕を開けた「シュツットガルトの惨劇」

後にプロレスファンに「シュツットガルトの惨劇」の名で語り継がれる俺とローラン・ボックのファイトは、１９７８年11月26日に行われた。

ボックは俺より一回り体が大きい。身長１９５センチ、体重１２０キロ。こういう大型レスラーはムラがあるとでもいうのか、そのときのコンディションによって試合内容がまるで違う。強いときは破格に強いが、「えっ、これが本当にあいつなのか」と疑わせるほど、意外に脆いときもある。そこが弱点と言ってもいい。

しかし、この日のボックは彼の強いときの状態が、すべて出た。スキを見せないのだ。なんとしてでも「アリと闘った男」アントニオ猪木を倒すのだという意気込みにあふれていた。

ボックの最大の武器は、アマレス仕込みの投げ技と底知れぬパワーだ。一度組まれてしまうと、一瞬のチャンスを見逃すことなく、どこからでもスープレックスやバックドロップが飛んでくる。

それも「ぶっこ抜く」ような投げ方なのだ。

長い腕で俺の体を絞り上げ、ひねりを加えて投げてくるから、受け身を取る余裕がないまま、思い切り肩から落とされてしまう。

俺もいろんなレスラーと闘ったが、それまで、これほど危険な投げ方をする相手はいなかった。おまけに、マットが硬いから、痛みの激しさはハンパじゃない。

さらに、この遠征でボックとは2度闘っていたため、投げ技によるダメージはかなり蓄積しており、右肩は俺のプロレス人生で最悪の状態だった。

試合は、序盤からボック十八番のスープレックスで厳しく攻め立てられた。高い位置から叩きつけるように投げるボディスラムも強烈で、それだけで決め技になるほどだった。

派手な大技が乱舞するアメリカナイズされたプロレスとは、まるで異なる。そんなプロレスの原点を思わせる、妥協のないファイトがボックの持ち味だった。

一方、俺は常に観客を意識して勝負する。ボックとは「プロレス」の概念が違うと言えるかもしれない。その意味では、通常のプロレスの枠を超えた異種格闘技の試合に近かった。

中盤からは俺が意表を突いたドロップキックでボックを倒し、スリーパーホールドに捕らえたが、1ラウンド4分という制限時間もあって、仕留め切るまでには至らなかった。

最後まで噛み合わなかったボック

8ラウンドには互いのヘッドバットにより、ボックは額を割って流血。しかし、俺はボックのペースを崩すことができず、10ラウンドをフルに闘って、0－3の判定で敗れた。

この試合は年末の「ワールドプロレスリング」（テレビ朝日系）でも録画中継された。日本のファンにすれば、俺が無名に近いヨーロッパのプロレスラーに敗れたというので、かなり衝撃を受けたらしい。

まるで落ち武者のようなローラン・ボックの不気味な風貌も強烈な印象を与えたようだ。

俺もボックも再戦は望むところだった。ファンも気持ちは同じだったはずだ。翌年の夏には日本で再戦するスケジュールも組まれたが、自動車事故の負傷により、ボックの来日は中止となってしまった。

初来日を果たしたのは2年後の1981年。ボックは木村健吾、長州力を、わずか数分で仕留める圧倒的な勝ち方を見せた。

その後、1982年の元日に俺とボックのシングルマッチは実現した。試合は5分10ラウンドの特別ルール。開始早々こそ、ボックはスープレックスで俺を投げて観客を沸かせたが、スタミナ不足は明らかで、動きも精彩を欠いた。

ローラン・ボックとの死闘。西ドイツ・シュツットガルト・キーレスバーグ

3ラウンドに俺がアリ・キックの連発で場外に落とすと、ボックはやっと這い上がってきた。最後は、レフリーのロープブレイクを無視して、俺にスリーパーホールドを仕掛けたボックが反則負けとなった。

俺とボックのプロレススタイルは、最後まで噛み合うことがなかった。

デル・ピエロもジーコもアントニオ猪木ファン

俺は同じヨーロッパでも、勤勉なドイツより、陽気なイタリアのほうが肌が合っている。日本ではあまり知られていないが、俺はイタリアで最も顔を知られた日本人だ。その事実を知るのはよほどのプロレスファンか、猪木ファンだろう。

実は、イタリアでは1980年代中頃から10年弱の間、2～3年遅れで新日本プロレスの『ワールドプロレスリング』(テレビ朝日系)が毎週土曜日の午後9時からオンエアされていたのだ。イタリア中のスポーツファンや格闘技ファンがこれを見ていたのである。

イタリアで一番人気のスポーツと言えば、今も当時もサッカーだ。しかし、その頃、イタリアのサッカーリーグ、セリエAの試合は日曜日の昼過ぎに行われていた。土曜の夜に試合が組まれるようになったのは、ずっと後のことである。

それまで土曜の夜は、イタリア国民は俺とタイガー・ジェット・シンやアンドレ・ザ・ジャイアントの試合に興奮していたというわけだ。

信じられないかもしれないが、イタリアサッカー界の国民的ヒーロー、アレッサンドロ・デル・ピエロも、俺やタイガーマスクの大ファンとして知られる。

当時、イタリアでプレーしていたジーコも息子と一緒に『ワールドプロレスリング』を見ていたらしい。政治家となった俺がブラジルを訪れると、当時、スポーツ長官の要職にあったジーコは俺に、こんなことをリクエストしてきた。

「息子がタイガーマスクの大ファンです。彼のマスクをもらえませんか」

俺は帰国すると、さっそくタイガーマスクの覆面を手に入れて、ジーコに送ってあげたものだ。

即席のサイン会に、警官が駆けつけた

1988年には2日間だけだったが、イタリア遠征も行った。試合会場はローマにある1万人以上収容のアリーナ。ここで週末、二夜連続でプロレス興行を行い、メインイベントは俺とバッドニュース・アレンの試合だった。

「アントーニオ〜！」

観客の絶叫が会場のいたるところで響き渡る中、俺は初日は延髄斬り、2日目は卍固めで勝利を飾って、ファンの期待に応えた。

短い滞在期間だったが、こんなこともあった。

カフェでお茶を飲んでいると、花売りの青年が私に近づいてきた。てっきり花を買ってほしいのかと思っていると、彼は恐る恐る口を開いた。

「イノキ・ペールワンですか？」

ペールワンの言葉を耳にし、俺は瞬時に1976年にパキスタンで経験した死闘を思い出した。現地の国民的英雄アクラム・ペールワンとの試合だ。俺は完全に腕を極めたのだがアクラムは一向にギブアップしない。そのため、彼の左腕を脱臼させることで決着をつけたのだった。

「ペールワン」とは「最強の男」を意味し、俺は試合後、パキスタン国王から、その称号を受けたのだった。

青年は、このときの試合を見ていたのだ。それも会場には入れず、近くの丘に登って観戦。母国の英雄の敗戦に涙を流すほど、ショックを受けたという。それから12年。こうして俺と再会するとは、夢にも思っていなかったようだ。

彼に頼まれてサインをしていると、次々に人が集まってきて即席のサイン会になってしまっ

た（笑）。周辺が急に混雑したため、警察官までやって来た。しかし、俺の顔を見るなり、

「アントーニオ〜！」

と叫んで、どこかへ行ってしまった。イタリア人のそんな陽気で、いい加減なところが俺は大好きだ。

幻に終わった世紀の一戦 〜アフリカ篇

アリ戦を超える世紀のサプライズ

世間に流布しているアントニオ猪木の名言に、こんなものがある。

「一寸先はハプニング」

もちろん、「一寸先は闇」という有名なことわざをもじったものだ。

要するに、俺はハプニングやサプライズが大好物なのだ。常に多くの人を驚かせ、楽しませ、明るくさせるのが、自分の役割だと思っている。それができなければ、人生なんて少しも面白くない。

だからだろう。マスコミに、こんな言われ方をされることになる。

「猪木が歩けば、世界が騒ぐ」

「猪木が笑えば、世界が笑う」

これは俺にとっても、たいへん名誉な言葉だ。

いつも世間をアッと言わせたいと思ってきたし、人が絶対に無理だという話や、常人の感覚では計り知れない構想を現実のものにしてきた。その最たるものが、モハメド・アリとのビッグ・マッチだった。

そして、そのアリ戦に匹敵するサプライズとなるはずだったのが、当時のウガンダ大統領、「アフリカの暴れん坊」とも称されたイディ・アミンとの一戦だったのである。

俺のところに話を持ってきたのは康芳夫というプロモーター。自ら「虚業家」を名乗る、要するに海千山千の呼び屋である。

それまでに日本で初となる外国人ヘビー級ボクサー同士の試合「モハメド・アリ対マック・フォスター」との一戦を実現し、「チンパンジーと人間の中間にあたる未知の生物」という触れ込みで話題になった珍獣オリバー君の来日をプロモートしている。

そういえば、康氏は石原慎太郎さんをリーダーとする「国際ネッシー探検隊」を結成し、イギリスのネス湖を探検したこともあった。どうやら、石原さんは本気でネッシーの存在を信じていたようだ。

そんな希代のプロモーター、康氏が俺とアミン大統領の闘いを仕掛けたのには理由がある。その頃のアミンといえば、とんでもない悪役として、その名を世界中に知られていた。独裁ぶりは極まり、20万人とも30万人ともいわれる国民を虐殺し、さらには政敵を殺して、その肉を食った「人食い大統領」の異名さえあった。

しかし、こうした悪名だけでは、俺と試合をする大義名分はない。

人食い大統領VSモハメド・アリと闘った男

実はアミンは元ボクサーで、アマチュアボクシングでは東アフリカのヘビー級チャンピオンとして君臨したというのだ。しかも身長193センチ、体重110キロと、プロレスラー並みの巨体。俺との闘いが本当に実現すれば、「人食い大統領VSモハメド・アリと闘った男」の世紀の一戦となり、世界中が注目する。興行的には間違いなく成功すると、康氏は読んだのだろう。

通常の感覚の持ち主なら、こんな荒唐無稽な話に乗るはずがない。しかし、俺は非常識なこと、規格外のことを実現してこそ、ロマンを感じるのだ。しかも、その話のスケールが大きければ大きいほど、メラメラと闘志が燃えてくる。

「これはアリ戦以上の話題になるはずだ」

そう思った俺は康氏の提案を快諾した。

一方のアミンも、この話に乗った。

アミンは親日家でもあったようだ。ウガンダは独立前はイギリスの統治下にあり、そのイギリスをはじめとする欧米諸国と戦った日本に好感を持っていたと伝え聞いたことがある。

さらに、アリの存在も大きかった。アミンは熱心なイスラム教徒であり、同じイスラム教徒のアリは畏敬の対象だった。

そのアリは1974年にザイール（現コンゴ共和国）のキンシャサでジョージ・フォアマンを下し、世界ヘビー級王座に返り咲いている。試合は「キンシャサの奇跡」と呼ばれる伝説のファイトとなったのだ。

アミンはアリと闘った俺と試合すれば、自分も伝説のヒーローとなれると思ったのだろう。

当時のウガンダは財政難にあり、このイベントが起死回生のプロジェクトになるとの目算も働いていたかもしれない。

こうして、俺とアミンの試合は正式に決定した。

レフェリーにはモハメド・アリ

1979年1月25日、東京・新宿の京王プラザホテルで、俺とアミンとの異種格闘技戦の記者会見が大々的に行われた。

なにしろ一国の大統領が格闘技戦のリングに上がり、しかもモハメド・アリと闘ったアントニオ猪木と試合を行うというので、国内外の反響の大きさはアリ戦を凌ぐほどだった。

会見場にはスポーツ紙や週刊誌だけでなく、朝日新聞、読売新聞などの国内の一般紙、さらにはUPIやAPといった外国の通信社も集まった。

記者会見では、前代未聞の世紀の対決が、この年の6月10日、ウガンダの首都・カンパラにある国立サッカー競技場（3万5000人収容）で開催されることが発表された。

現実に開催できるのか疑問視する声もあったが、全権プロデューサーの康氏は自信満々だった。

「アリと対戦したアントニオ猪木選手が闘う相手として、話題性とスケールにおいて、アミン大統領に勝る格闘家はいません。世界が注目するはずです」

興行のスケールは破格だった。

試合の模様はアメリカの3大ネットワークの一つ、NBCにより衛星中継で全世界に放送され、20億人以上の視聴が期待できると予想された。

NBCといえば、今はオリンピックの放映権を数千億円で獲得したことでも知られる。

要するに、NBCが俺とアミンとの試合には、それだけの価値があると判断したということだ。

話題は、俺とアミンのネームバリューによるものだけではなかった。

レフェリーをモハメド・アリが務めることが決まったのだ。当時のアリは、プロボクシングWBA世界ヘビー級の現役チャンピオンである。

予想された純益は1500万ドル。当時は1ドル=約200円だから、日本円にして30億円である。

ギャラの内訳はアリが2億円、俺が1億円。アミンは公人であるため、ファイトマネーは受け取らず、純益の半分、つまり15億円をウガンダの国家収入とすることが発表された。

話題には事欠かないビッグプロジェクトではあったが、批判的な意見も少なくなかった。

日本外務省やウガンダ駐日大使からも抗議

批判の原因となったのはアミンの経歴である。イギリス植民地軍の少将だったアミンは19

71年1月、ミルトン・オボテ大統領の外遊中に軍事クーデターを起こして、一気に国の権力を掌握すると、その後は独裁主義を強め、30万人もの国民を虐殺によって粛清している。

さらに「虐殺した政敵の肉を食べた」などの噂が立てられ、世界中から〝人食い大統領〟として非難された。

あるいは、「ヒトラーを尊敬している」という発言でも物議を醸したこともあり、〝黒いヒトラー〟の異名まであった。

そんな地球上最悪のヒールと、俺は闘うことになったのである。

新日本プロレス内にも賛否両論があった。しかし、俺は本気でリングに立つ覚悟だった。だから、記者会見では、こう断言した。

「このような大イベントはプロレスを世界中の人たちに知ってもらうチャンス。相手は悪役ですが、これほどモノ好きな大統領は、これまで誰もいなかった。私が聞いた限りではボクシングの他に、柔道や空手も習得しているらしい。私としては、ひとたびリングに上がったら、手加減するつもりはありません」

翌日は各マスコミが記者会見の模様を報道した。ふだんプロレスを取り上げない朝日新聞にも、こんな見出しが躍った。

「アミン大統領、アントニオ猪木と対決

6月、ウガンダで　レフェリーはアリ」

プロモーターの康氏によれば、日本の外務省からは非公式ながら「相手は一国の大統領。外交問題にはならないように」と釘を刺されたようだ。

さらに、当時のウガンダの駐日大使からも「我が国の大統領がプロレスラーとファイトするはずがない」と、厳重に抗議があったという。

しかし、俺はアミンが同意し、契約書まで交わしていたのだから、試合は必ず行われるものと信じていた。

健さんや文太さんもリングサイドのチケットを予約

モハメド・アリとの異種格闘技戦を凌ぐ世紀の大イベントとして、世界中が注目した俺と当時のウガンダ大統領イディ・アミンとの一戦だったが、結果的には実現しなかった。

東京での記者会見が行われたのが1979年1月25日。試合は6月10日、ウガンダの首都カンパラで行われることが発表された。

試合時刻は日本やアメリカでのテレビ中継を考慮し、現地時間では早朝4時（日本時間正午）。文字通りの〝暁の決闘〟となるはずだった。

そして、その約4か月前の2月16日には俺とアミン、さらにレフェリーを務めるアリの3人がそろって、カンパラで記者会見を行うことが決まっていた。

ところが、ウガンダは隣国のタンザニアと戦争状態にあった。両国の紛争は泥沼化し、アミン率いるウガンダ軍が手薄になると、反アミンのウガンダ民族解放戦線が蜂起して、内乱の様相を呈したのだった。

これが同じ年の2月3日のことだから、東京での記者会見からわずか9日後のことである。当然、カンパラで行われるはずだった調印式も中止。試合どころではなくなってしまったのだ。

まもなくアミンは失脚し、リビアに逃亡。しかし、独裁者として知られるリビアのカダフィ大佐も結局、アミンを嫌ったのか、翌1980年には敬虔なイスラム教徒として暮らすことを条件に、サウジアラビアへの亡命を余儀なくされた。

アミンは以後、表舞台に現れることはなく、2003年に亡くなっている。

俺もプロモーターの康芳夫氏も残念でならなかった。もし実現していれば、世界中で大反響を呼んだはずである。

漫画家の赤塚不二夫さんは、こんなことを言っていたらしい。

「あまりにもシュールな対決で、もし実現したら、僕は漫画を描けなくなってしまうかもしれない」

康氏によれば、アリの大ファンでもある俳優の菅原文太さんや高倉健さんからは、東京での記者発表があった段階で、すでにリングサイドのチケットの予約が入っていたようだ。

では、実現していたら、どんな試合になったのか。

俺自身が考えたのはアミンとの闘い方である。いくら元ボクサーと言っても、リングを離れて時間がたっているし、年齢も当時36歳の俺よりかなり上だ。どうやら50歳以上だったらしい。

そんな言い方しかできないのは、出生地も出生日も不明だからである。その頃のアフリカでは珍しくないことだったようだ。

巨大な冷蔵庫の中に、雪だるまのような…

おそらく俺が本気で闘えば、1分以内にカタがついてしまう。かといって、それでは世界中の視聴者が納得しないだろう。

しかも、相手は30万人を虐殺したといわれる「人食い大統領」の異名がある独裁者だ。もし俺が勝ったら、リングを取り巻く親衛隊が俺を銃殺するかもしれない。

実は、レフェリーのアリは有事に備え、防弾チョッキ、ヘッドギア、グローブという完全装備でリングに上がる予定だった。まさに戦場でのファイトと言っていい。もちろん、同じイスラム教徒、それもアミンが神のように敬うアリを銃殺するはずはないが。

俺はその場で撃たれなくても、捕らえられて終身刑、最悪は死刑を食らうことだってありうる。

そんな連想をしたのは康氏から恐ろしい話を聞いていたからだ。彼はアミンと交渉するため、何度かウガンダを訪れている。

あるとき、大統領執務室の近くに倉庫のような巨大な冷蔵庫を見つけた。中に何が入っているかを尋ねると、親衛隊長は黙って扉を開けた。

最初は真っ白な冷気の向こうに何があるかが分からなかったが、目を凝らしてみると、そこには雪だるまのような姿で人間の生首が安置されており、しかも、ご丁寧に、その一つ一つに名前と日付まで書かれていたという。

アミンという人間の恐ろしさが垣間見えるようだが、さすがに人間の肉を食べたわけではないらしい。というのも、彼は菜食主義者だったと言われるからだ。

いずれにしても、そんな男と闘うのだから、命の保証はない。今思えば、アミンの生首コレクションに加えられなかったのは幸運だったかもしれない。

大型の毒蛇に噛まれ、命の危機に

1979年、当時のウガンダ大統領イディ・アミンとの試合は残念ながら実現しなかったが、もともと俺はアフリカとは縁が深く、現役レスラーだった頃も、政治家になってからも、何度も足を運んでいる。

特に思い出深いのは、まだ藤波辰爾が俺の付き人をしていた1972年の旅だろうか。藤波にとってても生涯忘れ得ぬ体験となったらしい。だが、そのエピソードを話すには、まず2年前のブラジルドキュメンタリーの話をしなければならない。

作家であり、希代の釣り師でもある開高健さんがブラジルのアマゾン川を釣行し、『オーパ!』や『フィッシュ・オン』といったノンフィクション作品を上梓される前だったと思う。ブラジルで移民生活を経験した俺も機会があれば、ブラジルの魅力を多くの日本人に伝えたいとずっと考えていた。そんな話に対し、

「それは面白い。当社が全面的に協力するから」

と言って、ゴーサインを出してくれたのが当時のスポーツニッポン社長の宮本義男さんだった。制作は傘下のスポニチテレビニュース社、映像のタイトルは『アントニオ猪木、ブラジルの秘境を行く』に決定した。

現地ロケは、この年の最終興行であるインターチャンピオン・シリーズが閉幕した12月下旬から、翌年の1月4日にスタートする新春チャンピオン・シリーズの間を利用して行われることになった。

俺たち撮影隊一行がロケを敢行したのは、大湿地帯パンタナーを抱えるアマゾン川流域のマットグロッソ。その奥地の魔境ともいわれるジャングルに分け入った。当然のごとく、猛毒を持つヘビやクモが無数に生息している。専門の学者に言わせれば、地球上でも有数のヘビの宝庫らしい（笑）。

そして、現実に俺はハララカという大型の毒蛇に左足のくるぶしを噛まれてしまった。噛まれた瞬間、心臓が止まるかと思ったほどのショックがあった。咄嗟にヘビの頭をナイフで切り落としたことまでは覚えている。しかし、そこから先は、まるっきり記憶がない。

気がついたときにはテントで横になり、何本もの注射を打たれていた。ロケに同行していたブラジル軍が用意していた血清に救われたのである。その後はサンパウロ市内の病院で治療を施してもらい、12月30日には無事帰国。翌年の新春チャンピオン・シリーズにも初日から出場した。

東京12チャンネルから新たな提案が！

ロケにも同行し、その間の事情を知るスタッフが、「よく、こんな短期間で試合ができる状態にまで回復しましたね」と呆れていた。

だが俺にすれば驚くようなことではない。ヘビに噛まれた程度で試合を休むとはこれっぽっちも思っていない。それだけの生命力も悪運もあるのがアントニオ猪木というレスラーなのだ。

残念なのは、撮影した貴重な映像が日の目を見る機会をなくしたことだった。帰国後、後押ししてくれた宮本社長が亡くなり、やがて俺も日本プロレス経営陣との確執から追放となってしまった。ＮＥＴ（現・テレビ朝日）で放映されるはずだった『アントニオ猪木、ブラジルの秘境を行く』はお蔵入りとなったのである。

しかし、新日本プロレスを立ち上げて間もない俺に、再びテレビ番組の企画が持ち込まれた。東京12チャンネル（現・テレビ東京）がアフリカ編を撮影し、ブラジルで撮った映像と抱き合わせで放映しないかと提案してきたのである。

俺に異論があろうはずがない。以前からアフリカの大自然にも、サバンナに生息するライオンやゾウやキリンやチーターといったさまざまな動物にも興味があり、一度は、この目で見ておきたいと思っていた。

このときのロケに同行したのが当時18歳、まだ少年の面影が残る藤波辰巳（現・辰爾）だった。藤波自身、アメリカへの武者修行に出る前のことで、生まれて初めての海外旅行である。

昔から「かわいい子には旅をさせよ」とは、よく使われる有名なことわざだ。大事な子どもだからこそ手元に置かず、旅を通じて厳しい経験をさせなさいという教えだが、俺は自分の付き人だったに藤波にも旅で何かを感じてほしいと思っていた。

非公式の異種格闘技戦

このときのロケで今もよく覚えているのは、ビクトリア湖での漁のエピソードである。

ビクトリア湖といえば、アフリカ東部のウガンダ、タンザニア、ケニアの3か国にまたがる、世界第2位の淡水湖だ。約7万平方キロの面積を誇り、もちろん、アフリカでは最大の湖だ。何百年もの間、貴重な水資源として湖岸に住む数百万人の生活を支えてきた。

さらに、ナイル川の源流でもあるビクトリア湖には、80以上の島が浮かんでいて、漁業で生計を営んでいる住民も多い。

俺たち一行も、その島の一つに渡り、実際に漁を経験することになっていた。ロケの先発クルーの話によれば、大漁だったらしい。彼らは俺たちが到着する前夜にも、網を仕掛けて待っていてくれた。俺も、さぞかし面白い映像が撮れるだろうと期待した。

ところが、翌朝、網を引っ張り上げてみると、網が古かったせいなのか、ボロボロに引きちぎられてしまっていて、小魚が2〜3匹しか掛かっていない。

「これじゃあ、絵になんないだろ。何か代わりの企画を考えよう」

俺の頭に即座にひらめいたのは、自分が現役のプロレスラーであることだった。さっそく通訳を通じて現地のマサイ族に提案した。

「この中に俺と闘ってみようという勇者はいないか。もし、闘って勝ったら、この腕時計を賞金の代わりに進呈しよう」

俺はまだ発売されて間もない最新式の腕時計を、彼らの前に掲げた。

すると、彼らは長老会議まで開いて俺の対戦相手を選び始めた。結局、3時間の会議の末に、若く体格の優れた男が3人現れた。

俺がモハメド・アリと試合をしたのは、この4年後である。その意味では非公式ではあるが、人生初の異種格闘技戦だったと言えるかもしれない（笑）。

もちろん、負けるはずはない。適当にあしらい、あっけなくケリはついた。

バッファローを担いだ男!?

この後、タンザニア国境では有名な動物博士を訪ね、バッファローにも乗った。驚いたのは、その翌日だった。大勢のマサイ族が俺を見物に来たのだ。

「マサイ族を倒し、バッファローを担いだ男がいる」

そんな噂が10キロ以上先まで届いたというのだ。電話もない土地で、どうやって情報を伝達したのだろうか。ただ俺はバッファローを担いだのではなく、背中に乗ったに過ぎないのだが(笑)。

サバンナでの野宿も楽しい経験だった。体の向きを変えただけで簡易ベッドが壊れたこともあったが、それでも斜めになったベッドで熟睡した。朝はインパラに叩き起こされた。群れが俺たちのテントの周囲を疾走して行ったのだ。

とにかく見るもの聞くものすべてが初めてのことばかりで、俺はもっとアフリカを肌で実感していたかった。撮影クルーが帰った後も、俺と藤波、それと現地で世話をしてくれた日本人の3人でケニアに残り、アフリカの大自然を満喫したのである。

しかし、どんな用件だったかは忘れたが、日本から連絡が入り、俺は予定の1日前に急遽、帰国しなければならなくなった。俺は世話人にお金を渡し、藤波を翌日の飛行機に乗せるように頼んで、タンザニアを後にした。

ところが、この世話人がお金を持ってトンズラしてしまったのである（笑）。

藤波辰爾置き去り事件の顚末

さあ、困ったのは藤波である。周囲にはマサイ族しかいないような場所に、たった一人で取り残されたらしい。彼には、これが人生初の海外旅行である。途方に暮れ、しばらく立ちすくんでいたという（笑）。今でも藤波辰爾とトークショーをすると、決まって話題になるのがこのときの顚末だ。藤波も、講演ではアフリカネタで笑いを取るらしい（笑）。

「まだ18歳のときに猪木さんにアフリカに連れて行かれ、とんでもない目に遭いました。たった一人、周りにはマサイ族しかいないような場所に取り残されたんですから（笑）」

今でこそ笑い話だが、藤波が人生最大の不安と恐怖を感じたのは確かだったようだ。

では、18歳の藤波は、どうやって日本まで帰って来られたのか。俺も詳しいことは知らない。藤波は、こんなことを言っている。

「もう必死でしたよ。とにかく日本に帰らなければという一心でした。どうやって帰ることができたのか、ほとんど記憶がないんです。

当時はタンザニアからの直行便なんてないから、ケニアのナイロビ、インドのボンベイ（現在のムンバイ)、タイのバンコク、中国の北京と回り道をして帰って来たのかな。北京に着いたときは、日本がひどく近く感じられ、それだけでホッとしました(笑)」

藤波は俺が仕掛けた壮大なイタズラだと疑ったりもしたらしいが、さすがに俺も、そこまで暇ではない。いずれにしても藤波は貴重な経験をしたのだ。だから、今ではこう言っている。

「あの一件以来、世界中どこへ行っても怖いと思うことがなくなりました。今はカバン一つで、どんな国にも行けますよ」

そう、それでいいのだ。旅の経験は人を成長させる。とりわけ言語も気候も文化も異なる海外の国を肌で感じることは、自分の価値観、世界観を揺るがせ、それが成長の糧にもなる。

俺自身が、まさにそうだった。14歳のときに移民として渡ったブラジルをはじめ、アメリカでの単身武者修行、軍隊に囲まれた中で試合をしたパキスタン……。シルクロードをバイクで疾走したこともある。誰もが行こうとしなかった北朝鮮やイラクに、命を顧みずに乗り込んだこともある。挙げていけばキリがない。

藤波が俺に、こう問いただしたことがある。

「猪木さん、もし僕が日本に帰って来れなかったら、どうしたんですか。何かの事件に巻き込まれた可能性だってあるんですよ」

俺は、ひと言。

「大丈夫さ。おまえを信じていたから」

旅も人生もトラブルを歓迎しろ!

未知の土地でどんなに大変に思えたことも自分の頭と体をフル稼働させれば、案外、なんとかなる。旅先でのトラブルなんて当たり前のことだ。むしろ人生も旅もトラブルを歓迎するくらいの気持ちでいたほうがいい。大事なのは笑顔と感謝の心を忘れず、前に進んでいくことだ。

俺が書いた詩に、こんなのがある。藤波に限らず、人生を旅する諸君に贈りたい言葉だ。

地図にもない
知らない土地へ旅をした
見知らぬ人に
手を差し延べられて
熱い情けを受けました
人との出会いに感動し
思わず涙があふれ出た

日頃の心に言い聞かす
「いつでも　どこでも　誰にでも」
すべてのことに感謝する
そんな自分でありたいと
合した掌　汗ばんで
感謝の階段　登ってた
（猪木詩集「バカになれ」より）

ところで、旅につきものなのが土産だ。行く先々で、いろんな土産物を買いもしたし、もらいもした。

面白かったのは、海外ロケの帰りに毒蛇を20種類ほどもらったことだろうか。空港の税関が心配だったが、俺が笑って袋の中を見せると、蛇がうねうねと蠢き、舌をシュッシュッと出している。担当官はすっかり怯えた様子で目を丸くし、

「どうぞ、どうぞ」

とフリーパスだった。

人間、考えすぎたってしょうがない。案外、なんとでもなるものだ（笑）。

移動の際のショット。付き人の藤波辰爾は多くの荷物を持つ

第4章

平和のための熱い闘い

ロシア・キューバ・イラク・北朝鮮

スポーツを通じた国際交流の原点　～ロシア篇

ソビエトから届いた実現不可能な企画

日本にとってロシアは領土返還や平和条約締結といった懸案事項はほとんど進展がないままだし、国のトップであるプーチン大統領も一筋縄ではいかない、手強い相手だ。

俺は、そんなロシアに国会議員時代は何度も足を運んだ。当時、モスクワにある日本大使館で書記官をしていたのが、現在は作家として活躍している佐藤優氏である。佐藤氏はロシアの地べたを這いつくばって情報を収集しているような優秀な外交官で、彼には、

「俺が役立つことなら何でもする。むしろ俺をロシア外交のために上手に利用してくれたらいい」

と言ったものだ。そして、俺は彼の尽力によりロシアの国会議員やクレムリンの要人と会見することができた。そうした地道な活動は、ロシアの要人たちの対日感情の改善にもかなり役立ったと思っている。

しかし、俺のロシア外交は政治家になる以前から始まっている。

1988年、俺はあえて「負けたら引退」を宣言したうえで、IWGPのタイトルを賭けて藤波辰巳と闘った。

当時、俺は45歳。そろそろ新日本プロレスをやめてフリーになり、世界各国に拠点を置いた格闘技ネットワークを作るという壮大な夢を実現するために動き出そうとも考えていた。

しかし、試合結果は60分フルタイムを闘って引き分け。結局、会社やテレビ朝日の思惑もあり、俺の引退は先延ばしになってしまった。

その頃の俺には、けっして小さくはない額の借金もあった。つまり、自分の好きなようには生きられないという、なんとも歯がゆい状況にあったのだ。

そんなモヤモヤした気分でいたときに、耳にしたのが「ソビエトのアマチュアレスリングの選手たちがプロレス転向に興味を持っている」という新聞記者からの情報だった。ちょうどソウルオリンピックが終わった直後のことである。

当時のソビエト連邦はミハイル・ゴルバチョフ書記長主導によるペレストロイカが始まっており、東西の冷戦構造が崩壊しようとしていた時期だった。俺は、こんなときこそ自分の出番だという思いもあり、ソ連のアマチュアレスリング選手の話題は琴線に触れるものがあった。

さっそく自分の人脈を使って、ソビエト側と直接交渉できそうな人物を探し出した。ところが、あまり評判のよくない人物でもあったため、テレビ朝日や新日本プロレスの役員も「リスクが大きいし、そもそも実現不可能な話でしょう」という意見だった。

マサ斎藤ら先発隊からの連絡は途絶え…

しかし、「危ない」「不可能だ」と言われるほど、メラメラと闘争心が燃えるのがアントニオ猪木である。

俺は久々に血が騒ぎ、周囲の反対を押し切ってゴーサインを出した。マサ斎藤らを先発隊としてモスクワに送り込み、下調べと情報収集をさせた。

ところが、巡業をしながら待っていても、彼らからの連絡は一切ない。イライラして、こっちから電話をしてもつながらない。もどかしい気持ちが爆発しそうなとき、ようやくモスクワから国際電話が入った。

開口一番、俺は大声を出した。

「いったい全体、どうなっているんだ！」

「社長が、そうおっしゃる気持ちは分かります。でも、何も言わずに急いで来てください。すぐにでもリングに上げたい逸材がゴロゴロしています」

「分かった。だったら、すぐに行く」

こうして俺はモスクワに飛んだ。現地入りして分かったのは、当時のモスクワはペレストロイカによる混乱で通信網がズタズタになっていたことだ。

日本との国際電話がつながらないのも致し方ない状況だった。しかもソビエト連邦の複雑な組織のせいもあり、どの窓口に行って、誰に交渉すればいいか分からない。

それでも先発隊は向こうの選手を集めて、テストすることまではしていた。

そして、俺を出迎えるように待っていたのは、オリンピックや世界選手権でメダルを獲った、超一流のレスリング選手や柔道家ばかりだった。

心に届いた4つの猪木イズム

しかし、彼らをプロレスのリングに上げるためにはソ連政府の理解も許可もいる。

俺は現地で情報を集め、なんとかソ連側の屈指の実力者でもある格闘技連盟の局長とコンタクトを取ることに成功し、交渉の窓口を開くことができた。

しかし、当時のソ連の政府関係者のほとんどはプロレスがどんなものであるか、理解していなかった。

「サーカスの前座や幕間に見せる大男の怪力芸のようなものだろう」

と、安易に考えている者もいれば、実際にアメリカでプロレスを見た経験のある政府関係者に至っては、こんな発言さえした。

「しょせん、八百長さ。世界トップクラスの格闘家が真剣に闘う価値があるのか」

俺は政府関係者だけでなく、リングで大金を稼ぐことを夢見る格闘家たちを前に、まずプロレスについて説明することから始めなければならなかった。

「プロレスとは何か。それは肉体と精神の鍛練を重ねた人間同士が闘いを通じて観客を酔わせ、感動させるスポーツである」

さらに俺流のプロレスの定義でもある「4つの柱」について語った。

第1の柱は「受け身」だ。プロレスには連戦もあり、年間100試合以上、多い年は200試合以上を闘わなければならない。だから、大きなダメージを受けないために、受け身は必要不可欠である。

しかも観客を満足させなければならず、高度な受け身の技術は相手レスラーの技をより鮮やかに、より美しく見せる。観客は美しい技の攻防に興奮し、酔いしれるのだ。

第2の柱は「攻撃」である。力強く、スケールの大きな攻撃は観客を酔わせ、ときには勇気や感動を与える。ソ連の選手はオリンピックや世界選手権でメダルを独占するほどの強さがあるのだから、攻撃に関しては我々が学ぶべき点もあるだろう。

ただし、留意すべき点がある。それはプロなのだから、相手にケガをさせないことだ。

金メダリストたちが興奮して決意表明

第3の柱は「感性と想像力」。どれだけ高い攻撃の技術やパワーがあっても、それだけでは一流のプロレスラーにはなれない。

プロレスラーに最も求められるものは、この感性と想像力なのだ。自分自身が今抱えている情熱や苦悩、さらに、その瞬間、瞬間に生まれる怒りや喜びといった感情を観客に対してどのように表現し、伝えるのか。それができたとき、リングに立つ自分と観客は一体化し、感動を与えられるのだ。

第4の柱はリングで闘う者同士の「信頼」である。たとえば、相手が投げ技を繰り出してきたら、それを受けるのがプロレスラーだ。しかし、その投げが故意に首から落とされるような危険な技だったら、どうなるか。あるいは、相手に攻撃のチャンスを与えたのに、意図的に腕を折られたらどうなるか。

プロレスとは鍛え上げたプロのレスラーがケガをしないギリギリのレベルで試合をするスポーツなのだ。そもそも一人では試合は成立しない。まず相手を信頼することから名勝負は生まれるのである。

こうした4つの定義を話したうえで、最後に俺はこう締めくくった。

「プロレスは国の代表として闘うオリンピックとは違う。あくまで個人の闘いだ。私が説明した4つの柱を真に理解し、実践することができれば、数万人の大観衆でさえ、自分の手のひらに乗せ、感動を与えることができる。そのときの満足感、充実感はたとえようもなく大きい」

話を聞き終えると、レスラーや柔道選手たちが興奮した表情で口を開いた。

「私がやりたかったものはまさにそれだ！」

「自分はアマチュアで金メダルを獲った。次はオリンピックではなくプロレスの世界でチャンピオンになってやる！」

その場に居合わせた格闘家全員が、もう一度、檜舞台に立つことを望んでいた。その舞台こそが、プロレスのリングにあることを感じ取ってくれたのだった。

酒量で人間のスケールを判断する国

こうして1988年12月、日ソ友好という大義の下、世界トップクラスの実力を誇るソ連の格闘家たちが新日本プロレスのリングに上がることが正式に決まった。

しかし、彼らをリングに上げるためにはプロレスのイロハを教え、数十人の候補者の中から、これはと思う選手を選ばなければならない。そのための合宿を行ったのが、グルジア（現ジョージア）のゴーリである。かつてソ連の指導者でもあったスターリンの生地だ。

ちょうどグルジアでは世界学生柔道選手権が開かれていて、その場所がゴーリから車で2時間ほどのトビリシだった。俺はせっかくの機会だと思い、試合を見に行った。

このとき、95キロ超級でオール一本勝ちで優勝を果たしたのが小川直也。当時、明治大学の学生だった。その9年後、小川は俺が設立した総合格闘技団体ＵＦＯに入団することになるのだから、やはり彼とは縁があるのだろう。

世界学生柔道を観戦し終え、俺がゴーリの合宿場に行くと、すっかり疲れ切ったという表情で現れたのが橋本真也である。彼がソ連選手にプロレスの手ほどきをしていたのだ。

「社長、俺、日本に帰ってもいいですか」

「何があったんだ？」

「毎日、ワインの接待が続いています。接待する側は日替わりだから問題ないんでしょうが、こっちは俺一人。こんな調子で飲み続けていたら、とてもじゃないけど体がもちません。プロレスを教える前に、俺の体が壊れます」

「分かった。もう心配するな。俺が接待に関してはすべて受けるから」

ジョージアはワイン発祥の地とも言われ、ヨーロッパ屈指のワイン生産地だ。しかもジョージアに限らず、ロシアは酒を通じて友好を深めるのが昔ながらの流儀。普通はワインではなくウォッカなのだが、酒盛りなくして物事は進まず、相手の信頼が得られないのは同じ。橋本も、その洗礼を浴びたわけである（笑）。

ちなみに、ウォッカはロシアでは「命の水」とも言われ、「ロシア人はウォッカなくして生きられない」と豪語する人さえいる。今はそうでもなくなったらしいが、以前は日本人外交官もウォッカの洗礼にはさんざん苦労させられたようだ。

俺は橋本に代わって、ワインを飲みまくった。それも通常のワイングラスで飲むのではない。暖炉の上に動物の牙をくりぬいたような巨大な容器があり、これにワインをなみなみと注いで、一気飲みするのだ。1升分ほどのワインが入ったはずである。

接待してくれる連中は一様に「どうだ、日本人はこれが飲めるか」といった顔をしている。日本のプロレスラー、それもモハメド・アリと闘った男が、どれほどのスケールの人間なのか興味津々らしく、その期待に応えなくてはいけない。もちろん、この程度の酒量で泥酔して自分を失うほど俺はヤワな酒飲みではない。

連中が驚くほどの量のワインを飲み続けた。

四角いリングでは闘えない

やがてソ連での合宿は無事に終了し、俺たちは8人の来日メンバーを選んだ。その中には、ソ連のボイコット（ロサンゼルス五輪）によってオリンピックには出場できなかったが、レスリングで国内大会7度優勝の実績を誇るビクトル・ザンギエフ、レスリング世界選手権3連覇のサルマン・ハシミコフ、ミュンヘン五輪の柔道軽重量級（現100キロ以下級）で優勝したショータ・チョチョシビリら強豪が含まれていた。

いずれも、俺の目から見てプロレスに十分適応できそうなセンスを持った選手ばかりだった。

しかし、彼らは1つ不満を漏らした。

「ロープのある四角いリングでは闘いにくい」

そこで、俺はロープを外した円形リングを用意することを約束した。こっちはキャリア十分なプロレスラーだ。どんなリングでも試合する覚悟はある。

ソ連初のプロレスラー誕生は大きな話題となり、試合会場は東京ドームに決定。チケットの売り上げも上々で、興行の成功は約束されたのも同然に思えた。

ところが、好事魔多し。本契約のためにモスクワに飛ぶと、思わぬ事態が俺を待っていた。

理不尽なギャラ要求に、契約書を破り捨てる

1989年の年明け早々、ソ連の格闘家が新日本プロレスのリングに上がることが発表されると、ファンは「まだ見ぬ強豪」と人気プロレスラーとの対決に早くも熱狂した。当時、共産圏の選手がプロレス興行のリングに登場することなど考えられなかったのだから、当然かもしれない。

誰がつけたか、ソ連選手たちのニックネームは「レッドブル軍団」。モスクワを舞台としたアーノルド・シュワルツェネッガー主演のアクション映画のタイトルをもじったのだろう。とにかく、会場に決まった東京ドームのチケットは飛ぶように売れた。

俺が選手たちの出場に関する本契約を交わすためにモスクワ入りしたのは、試合の約1か月前だった。

当時、ソ連ではペレストロイカと呼ばれた民主化政策が急ピッチで進められていて、自国のスポーツ選手の外国との交渉窓口として、「SOVインターナショナル」という会社が設立されたばかりだった。ところが、この会社の局長たちは交渉のテーブルにつくなり、理不尽な要求を突きつけてきたのである。

「あるサッカー選手は○億円、あるアイスホッケー選手は×億円で欧米のプロチームと契約し

ました。だから、当然、プロレスも同等のお金を用意していただきましょうか。そうでなければ、本契約にサインすることはできません」

しかも、契約金とは別に興行の売り上げから歩合制によるギャラも欲しいという。

彼らなりの駆け引きのつもりもあったのかもしれないが、一方的に金を要求するばかりで、友好や親善の姿勢はまるで感じられない。それでも俺は粘り強く交渉し、話し合いは2時間以上続いただろうか。

だが、相手の主張が変わる気配は一向にない。そこで、俺は思い切った賭けに出ることにした。

「交渉決裂ですね。こっちは民間人だし、東京ドーム興行の中止は3億ほどの赤字で済みます。でも、あなたたちは国の代表だ。このままだと、あなたたちの顔はつぶれ、ただじゃ済まないと思いますよ」

俺は局長の顔が青ざめるのを尻目に、その場で契約書を破り捨て、ホテルに戻ってしまった。

俺は冷静だった。もちろん、頭の中では「もしもの事態」も考えていた。ソ連選手が出場しないことになれば、新日本プロレスも俺も経済的に致命的なダメージを受けるだけでなく、信用も失墜する。

バグダーノフ将軍が「今すぐ会いたい」

「さて、敵さんはどう出るだろうか」

腹をくくってホテルで休んでいると、ＳＯＶインターナショナルの関係者が息を切らして部屋に飛び込んできた。

「バグダーノフ将軍が、あなたに会いたいと言っています。今すぐ、一緒に来てください」

バグダーノフは内務省の次官であり、モスクワ民警のトップ。ソ連の柔道連盟の会長も兼ね、当時は大変な権力を持つ男だった。そんな男が俺との会見を求めてきたのだ。

日本の警視庁に当たる官庁に出向くと、バグダーノフは姿勢を正し、威圧するような目で俺を出迎えた。しかし、こっちも修羅場は何度もくぐっている。半ば開き直って、言いたいことをすべてぶちまけた。

「私もプロモーターである以上、お金儲けはしたい。しかし、海のものとも山のものとも分からない彼らを日本に招聘する理由は、それだけではありません。

残念ながら、日本人の多くはソ連という国に対して悪い印象を持っています。だからこそ、私はこの機会を利用してソ連にはこんな素晴らしい格闘家がいるんだということを、日本はもちろん世界にアピールしたい。それなのに、あなたたちはお金の話しかしない。それが本心なんですか」

俺の話にじっと耳を傾けていたバグダーノフは静かに口を開いた。

「分かった。私の権限で君を全面的にバックアップし、選手は必ず日本に行かせる。お金の話は興行が成功した段階で、改めてしようじゃないか」

その顔にウソがないのは一目瞭然だった。バグダーノフは約束を守り、ソ連の選手は予定通り、日本にやって来た。

レッドブル軍団を迎え、初のドーム興行

1989年4月24日、ソ連の格闘家たちが新日本プロレスのリングに上がる「格闘衛星☆闘強導夢」が開催された。新日本プロレスにとっては初めての東京ドーム興行でもあった。

開催に尽力してくれたソ連側の中心人物、バグダーノフ将軍が来日したのは試合の直前。しかも、多忙な彼は試合当日には帰国しなければならないというので、試合の前々日に京王プラザで会うことになった。

実はモスクワで一緒に食事をした際、俺は無理を承知でお願いしていた。

「軍服を一着いただけないでしょうか」

バグダーノフは俺の突然の要望に一瞬、困惑した表情を見せたが、すぐに快諾してくれた。

「あなたは若いから、階級は大佐ということで軍服を進呈しよう。しかし、あなたの体に合うサイズはすぐに用意できないから、少し時間が欲しい」

東京で再会を果たし、肩を抱き合うと、バグダーノフは持参した新品の軍服を私に手渡し、敬礼した。

「大佐殿、用意をお願いします」

バグダーノフの手土産は軍服だけではなかった。ウォッカのガロン瓶に加え、豚肉のオイル漬けもあった。アルコール度数の高いウォッカを飲むために、豚肉のオイル漬けで胃をコーティングするのである。

「さあ、今夜はとことん飲もうじゃないか」

軍服を着た俺はまだ試合が終わってもいないのに、まるで打ち上げをするような気分で飲み始めた。グラスに注がれたら、ウォッカは一気飲み。これがソ連の流儀だし、できないヤツは信用されない。

俺も酒には相当自信があったが、バグダーノフも酒の強さは並外れていた。2人の酒盛りはさながらデスマッチの様相を呈し、気がついたときには約4リッター入るガロン瓶が空になっていた。さらに、そのままホテルのバーになだれ込み、再び2人で浴びるほど酒を飲んだのである。

なんとか家に帰ることはできたが、すぐにベッドでダウン。朝起きると、二日酔いどころか、三日酔いの状態だった。なにしろ、試合当日になっても酒が抜けないのである。こんな酔い方をしたのは生まれて初めての経験だった。

東京ドームには5万4000人もの観客がつめかけた。それまでのプロレスの最高観客数は力道山が当時の大阪プールで行った試合の3万人とされていたから、興行のスケールが分かる。

裏投げ3連発に、猪木敗れる！

俺の試合はメインイベント。相手は柔道軽重量級の金メダリスト、ショータ・チョチョシビリ。プロレス対柔道の異種格闘技戦として、1ラウンド3分の10回戦で行われた。

1ラウンドは俺がバックドロップを浴びせ、優勢に進んだ。2ラウンドに入ると、チョチョシビリも反撃を開始し、裏投げからの腕ひしぎ逆十字で激しく攻め立てた。

試合の命運を分けたのは5ラウンドだった。俺はまたもチョチョシビリの裏投げを食らい、起死回生の浴びせ蹴りを試みるのだが、これが空振り。チョチョシビリは間髪入れず裏投げを繰り出した。そして、俺が立ち上がったところをまたも裏投げ。俺はダウンしたまま、10カウントを聞かなければならなかった。

俺にとっては、モハメド・アリとの対決からスタートした異種格闘技戦18戦目にして初の敗北である。ショックを受けたようなファンも多かったようだが、負けは負けだ。

三日酔いを敗戦の理由にしたくないし、チョチョシビリの強さを称えたい気持ちだった。

俺には勝負の結果など、どうでもよかった。ソ連の格闘家が初めてプロレスのリングに上がり、その興行が大成功したのだ。日本のファンがソ連選手の力を認め、声援を送ってくれたのもうれしかった。負けても、俺らしい夢のあるイベントをやり遂げた達成感で胸はいっぱいになった。

余談だが、俺とチョチョシビリの試合の勝者には高級外車が贈呈されることになっていた。ところが、チョチョシビリは「トヨタのランドクルーザーが欲しい」と言う。やむなく、新たに買ったランドクルーザーをソ連に送らなければならなかった。

大阪でチョチョシビリにリベンジ

ソ連格闘家を招いた東京ドームの大会は大成功だった。しかし、チョチョシビリに負けたまま黙っているわけにはいかない。

約1か月後の大阪城ホールでの大会でチョチョシビリとの再戦に挑んだ。試合形式は前回と同じ1ラウンド3分の10回戦制。舞台も同じノーロープの円形リングだった。

俺は2ラウンドに前回の対戦と同様、チョチョシビリから激しい裏投げを食らった。だが、俺は一度闘ったことでチョチョシビリ攻略の糸口はつかんでいた。

相手の一瞬の隙をつくカニばさみでテイクダウンを奪うと、そのまま流れるように左腕を裏十字固めに決めた。チョチョシビリは痛みに耐えられず、ギブアップするしかなかった。文句なしの勝利だった。会場に詰めかけたプロレスファンも溜飲を下げたはずである。

ちなみに、この日はソ連のサルマン・ハシミコフがIWGP王者のビッグバン・ベイダーに挑戦。得意の水車落としでベイダーを破り、新チャンピオンに輝いている。

他のソ連選手も活躍が目立った。ショー的要素が濃いアメリカのプロレスにはない格闘の迫力に、ファンは酔いしれたのではないだろうか。

俺自身は、この頃からスポーツを通じた国際交流の重要性を以前にも増して強く思うようになった。

日本での成功に気をよくしているだけではプロレスどころか、スポーツの未来はない。まず俺の頭に浮かんだプランは、モスクワでプロレス興行を行うことだった。プロレスの魅力を、もっとソ連国民にも知ってほしいと思ったのだ。

幸い俺には「モハメド・アリと闘った男」という知名度もある。ソ連の格闘家を招いたビッグイベントも大成功した。この時期を逃す手はない。

政治的な関係は閉ざされていても、スポーツなら、二国間の冷え切った関係の突破口を開くことができるはずだ。そう信じた俺は、お礼行脚も兼ねてモスクワに飛んだ。

ソ連副首相との腹を割った話し合い

俺を待っていたのは副首相のカメンツェフだった。お互い儀礼的な挨拶をすませると、彼はいきなり俺にこんなことを言った。

「実は、あなたが今座っている椅子には、ほんの少し前まで世界的な大物が座っていたんですよ」

「誰でしょうか」

「その人物は、ドクター・ハマーです」

ドクター・ハマーとはアメリカの大富豪で、アーマンド・ハマーのこと。ドクターの愛称で呼ばれるのは医師の資格も持っているからだ。米ソの冷戦時代、彼が「デタント（戦争の危機に二国間の緊張緩和）」に果たした役割と貢献の大きさは計り知れない。

俺は一瞬、自分がずいぶん場違いなところに来てしまったのではないかと思い、珍しく興奮した。

カメンツェフは笑顔で俺に促した。

「どうぞ、遠慮せずに、なんでも話してください」

俺はいつもの通り、率直な意見を述べた。

「私はソ連の人たちは暗く、あまり信用できないのかなと思っていました。しかし、実際に会うと、明るく親しみやすく、冗談好きな人ばかりでした。私は自分の偏見を恥じています」

カメンツェフは漁業交渉のために来日したときのことを話し始めた。

「交渉の席で、私たちが一生懸命話しているのに日本人は一様に目をつぶっていました。私たちはその態度を無礼だと思い、日本側の説明のときはずっと目をつぶっていたのです。

説明が終わり、日本人が怒り出すかと思っていると、日本側の代表者は一斉に立ち上がり、我々に握手を求めてきました。

そして、こう言ったのです。〝私たちの話によく耳を傾けてくれました。日ソ交渉の長い歴史の中で、こんな素晴らしい代表団は初めてです〟。つまり、先入観に基づく誤解はどんな国、どんな人にもあるのです」

話し終わると、カメンツェフはニヤリと笑った。俺たちはすっかり打ち解け、彼はプロレス興行への協力を約束してくれた。

ついにソ連でプロレス興行が実現

俺がソ連を何度も訪問していた1980年代末は、メイド・イン・ジャパンの製品が世界中を席巻している時代だった。お土産にはたくさんウォークマンを持って行ったものである。

今振り返ると、この時期、格闘家を招くためのソ連との交渉は俺の政界進出を促したような気がする。それまで漠然と考えていた国際交流の重要性を改めて実感させてくれたのだ。

「アントニオ猪木だから平和に貢献できることは必ずあるはずだ」

そう思うと、俺の思いは日に日に高まった。

東京ドームと大阪城ホールにソ連選手を招いた格闘技イベントが大成功したのが、1989年の春。その直後、ソ連にお礼の挨拶に出向いたときには、腹をくっていた。

すでに政界進出を日本のスポーツ新聞にスッパ抜かれていたため、現地の関係者は俺の顔を見るなり、一様に励ましてくれた。

「猪木さん、必ず当選してください。次は政治家・アントニオ猪木とお会いしたいものです」

参議院議員に初当選すると、すぐに俺はソ連に飛んだ。目的はプロレスではなく、ボクシング関係者との交渉だった。

その結果、実現したのがアマチュア世界王者の勇利アルバチャコフ、オルズベック・ナザロフ、ヴィアチェスラフ・ヤノフスキーら、ソ連のトップ選手のプロデビューである。
俺は彼らを来日させ、協栄ボクシングジムへの橋渡しを行い、勇利とナザロフの2人は、まもなく世界チャンピオンの座に駆け上がった。その強打で観客を沸かせたのは何よりもうれしかった。

念願だったソ連での新日本プロレスの興行が実現したのは、この年の12月31日。日本流にいえば大晦日である。場所はモスクワ市レーニン運動公園内ルイージニキ室内競技場。

試合の日時と場所が決まった段階では、実際に客が集まるのかどうかが不安だった。なにしろソ連では史上初めてのプロレス興行である。

政府関係者は「もし、チケットが売れないようなことがあったら、軍を導入してでも会場を超満員にしてみせます」と冗談を言っていたが、現実には3日間で1万2000席が完売となってしまった。

さすが、格闘王国である。ロシアの格闘技といえば、サンボが世界的に知られているが、グルジア（現ジョージア）にはチオタバという伝統の格闘技もある。格闘技をする人も多ければ、それを見るファンも多いことがよく分かった。

政府関係者の計らいでKGBの内部も見学！

当日の試合には日本からは長州力、橋本真也、蝶野正洋、獣神サンダー・ライガーら新日本プロレスの主力選手が参加し、メインイベントでは私とチョチョシビリがタッグを組んで、マサ斎藤&ブラッド・レイガンズ組と戦った。

あれから30年。チョチョシビリもマサ斎藤も、この世にはいない。改めて月日の流れの早さを思う。

試合後の宴会では、みんなでウォッカを浴びるほど飲んだ。会場に置かれたテレビはミハイル・ゴルバチョフ書記長が熱い口調で演説をする姿を映していた。

翌朝はクレムリンにあるロシア正教会の鐘が数十年ぶりに鳴るというので、タクシーを飛ばして赤の広場に駆けつけた。広場は無数の人で埋め尽くされており、この地にも自由の波が訪れようとしているのを肌で感じたものだ。

このとき、俺は政府関係者の計らいにより、ＫＧＢ（ソ連国家保安委員会）の内部を見学することもできた。現在のプーチン大統領は若手職員の一人として働いていたらしい。

その後も数多くの要人と会った。後にクーデターを起こす副大統領のヤナーエフと会えたのは、当時、外交官として獅子奮迅の働きを見せていた佐藤優氏の尽力によるものだ。15分の予

ボリショイサーカスの会場で少年のサインに応じる

定が45分に延び、日ソ間のさまざまな問題について忌憚のない意見を交わした。

俺の最大の武器は行動力と突破力だ。

「行けば道は開ける。会えば気持ちは通じる」

この考えは今も変わらない。

人質全員奪還のために死力を尽くす ～イラク篇

カストロ議長との親交

俺が『スポーツ平和党』の党首として参議院議員になったのは1989年だ。イラク軍がクウェートに侵攻したのは、その翌年のことである。

しかし、俺のイラク訪問を語る前に、そのきっかけとなった中国訪問、さらにはキューバのフィデル・カストロ議長との関係について話しておくべきだろう。実は、政治家として「スポーツを通じての国際平和」をスローガンに掲げた俺が、最初に会った外国の要人がカストロ議長だった。それまでに日本の政治家で彼に会った人間は、ほとんどいない。

だったら、俺が会おうじゃないか、日本と交流の少ない国との外交関係を構築してこそ、政治家・アントニオ猪木の真価でもあると考えたわけだ。

幸い友人のつてで運よくカストロ議長とは会うことができた。キューバ政府が俺を歓迎してくれたのは、アントニオ猪木の名前が「モハメド・アリと闘った男」としてキューバでもよく知られていたからである。

カストロ議長との初対面は今でも鮮明に憶えている。深夜の11時過ぎに迎えの車で議長公邸に出向くと、机に足を投げ出し、あくびをしているのがカストロ議長だった。それを無礼な態度とは思わなかった。むしろ、およそ公人らしくない、ふだん着の姿を見せられ、ホッとしたものだ。

すぐに意気投合し、会談は1時間半に及んだ。とにかく気さくで、国際問題だけでなくスポーツや食文化など、さまざまな話をした。そして一度心を許せば、まるで長年の友人のように接してくれるのがフィデル・カストロという人物だった。

翌年、ブラジルのコロル大統領の就任式典に出席した際には、同席していたカストロ議長本人から招待を受け、そのままキューバが手配してくれた特別機でハバナに寄って会食する機会を得た。

俺が持参した日本酒を酌み交わしながら、彼は、こんな言葉をつぶやいた。

「あなたはリングで闘った。私は革命で闘った。ともに闘う男じゃないか」

豪快で、人間としてのスケールが大きい。しかも情に厚い。俺は、そんなカストロにすっかり魅了された。俺が亡くなった娘の話をしたときも、目を潤ませ、黙って肩を抱いてくれた。

カストロから贈られた「猪木の島」

この日、俺は彼に一つ、お願いをした。

「友情の証しに、あなたのかぶっている帽子が欲しい」

同席した大使が慌てた様子だったが、カストロ議長は笑顔で俺の頭に帽子をかぶせてくれた。

その後もカストロ議長との親交は続き、彼が2016年に90歳で亡くなるまでに6回会った。その間に、キューバ政府から「キューバ友好大使勲章」を受勲した。カストロ議長からカリブ海に浮かぶ無人島を贈られ、「友人・猪木の島」と命名されたこともある。

さて、話を俺のイラク訪問に戻そう。1990年8月2日、イラク軍のクウェート侵攻を知った俺は、政治家として何か行動を起こさなければと思った。そのとき、頭に浮かんだ人物がカストロ議長だった。

キューバは非同盟諸国の一員である。アラブ諸国との利害関係もないから、カストロ議長は中東危機の和平調停役として適任だ。もし、カストロ議長のイラク訪問が実現すれば世界中の注目を集め、事態が好転する可能性もあると、俺は考えたのである。

そして俺は、イラク訪問を駐日イラク大使に相談をしに行った。すると、大使からイラク政界の実力者でもある在中国イラク大使のアリ・ジャフ氏に会うようアドバイスを受けたのだ。

というのも、このとき俺は中国初のプロレス興行開催に加え、若者たちとシルクロードをバイクで走破する、というイベントの現地での記者会見を行うために、中国行きが決まっていたからだ。

プロレス興行は9月1、2日の両日だったが、イラク問題について中国首脳や在中イラク大使と話し合う時間を持つために、俺は4日前に日本を発った。

キングメーカーとの邂逅

今でこそ中国はアメリカに次ぐ経済大国であり、十数年後にはそのアメリカも抜いて世界一の経済大国となることが予測されている。しかし、30年前は国際競争力やインフラ整備などさまざまな面で日本や西欧諸国に後れをとっていた。

俺が中国を訪問したのはそんな時代だった。

中国行きの飛行機ではたまたま金丸信氏、渡部恒三氏、梶山静六氏ら自民党の訪中団の一行と乗り合わせた。俺はせっかくの機会だと思って挨拶に行き、そのまま金丸氏の隣に座って30分ほど話をした。

当時、キングメーカーと言われ、大物の風格を漂わせる金丸氏に対し、こっちは1年生議員。だが、俺は臆することなくイラク問題についての考えを述べた。

金丸氏はイラクに対しては武力行使やむなしの立場だった。武力行使は絶対に反対の俺とはまったく正反対の考え方だったが、考えが異なる人の話に耳を傾けるのは無駄ではない。むしろ俺はこのとき、自分が信じる道を進むべきだとの確信を得るに至った。

中国ではプロレスのリングにも上がった。しかし、俺の心に重くのしかかったのはイラク問題だった。

幸いなことに中国の呉学謙副首相との会談が実現した。

中国きっての外交通として知られる呉学謙氏は「イラク問題は対話によって解決すべきである」という見解を示した。ただし、中国政府としての態度はまだ決めかねている印象だった。巨大国家ゆえに国の方針を決めるのにも時間がかかるのだろう。

イラクへ行く日本人政治家はゼロ

俺が訪中時に会ったもう一人の大物が中国に赴任中のイラク大使、アリ・ジャフ氏だった。俺は平和的解決のために、キューバのカストロ議長を中東危機の調停役にしたらどうかという独自の案を提案した。

以前、カストロ議長が俺との会談で「中東問題は平和的な解決が大前提だ」と熱く語っていたことも伝えた。アリ・ジャフ大使はこうした話に興味は示してくれたが、残念ながら今一つ乗り気ではなかった。

反米的な印象が強いカストロ議長を担ぎ出すことで、アメリカを刺激したくないとの思いがあったのかもしれない。大使は中東の安定には国連安保理常任理事国でもあるソ連と中国の影響力が必要不可欠だと考えているようでもあった。

それでもこの会談で、イラクも本当は戦争を望んでいないという感触を得たのは大きな収穫だった。

中国でのあわただしい日程を終えた俺は、日本に帰ると早速動き始めた。

すでに国連決議によりイラクは国際社会から経済制裁という包囲網を敷かれ、完全に孤立していた。イラクにいる外国人は出国禁止を言い渡され、事実上の人質扱いだ。もちろん、その中には在留邦人も含まれている。しかもアメリカ軍は増強され、中東情勢が緊迫の度を深めているのは誰の目にも明らかだった。

ところが、マスコミ報道や外務省の情報だけでは不透明なことが多かった。日本政府も現地で今、何が起きているかをしっかり把握できていない。

だったら、自分のこの目で確かめに行くしかない。そう考えた俺はイラク行きを決意し、すぐにイラク大使館へビザを申請した。そのとき分かったのは、イラクへ行こうという日本人の政治家は俺が初めてだということだった。

今にも戦争が勃発しようとしている地で、邦人が人質に取られている。こんな国家の大問題を前に、行動を起こそうという政治家が他に誰もいないのだ。

俺が通訳兼コーディネーター役のパキスタンの新聞記者、U・D・カーンをともない、イラクの首都バグダッドに入ったのは9月18日。

街の至るところにマシンガンを手にした兵士がいた。戦火が迫っている緊迫感を肌で感じた俺は、独りつぶやいた。

「勝負はこれからだ」

外交にもいかされた猪木流「風車の理論」

かつて俺のプロレスのスタイルは「受けの美学」とも呼ばれた。相手の技をすべて受け、その力を最大限引き出し、それ以上の力で相手を倒すからだ。

つまり、風車が吹き荒れる風を取り込み、その力を利用して勢いよく回るようなもので、俺自身は「風車の理論」とも言っている。

これは人間関係についても言えることで、自分を無にして相手を受け止めることができれば、心を開いた真の交流が生まれる。

外交も同じである。歯の浮く社交辞令や下手な策略からは信頼関係や連帯感は生まれない。俺はどんな要人と会っても、まず相手の言い分を真剣に聞くことから話し合いを始める。

イラクの人質解放の道を探るためにバグダッド入りした俺が、最初に会ったのが国民議会のマハディ・サレハ議長だった。イラクの日本大使館によれば、人質の解放交渉全権をフセイン大統領から任されている重要人物である。

サレハ議長は儀礼的な挨拶をすませると、いきなり俺に激しく抗議するようにまくし立てた。

「日本はアメリカが金を出せといったら金を出し、兵を出せといったら、兵を出そうとする。独自の意見や主張はないのか」

「日本は平和的解決に貢献すべきで、地域紛争の緊張を高めるようなことには手を貸すべきではない」

「日本は大国なのだから、それにふさわしい国際的な役割を果たしてほしい」

こうしたサレハ議長の訴えは30分以上続いたが、私は身じろぎもせず耳を傾けた。最初に言ったように、それが私のやり方なのだ。

こちらに対して不満を持っている相手と話し合うときは、反論せずに、まずは溜まっているものを吐き出させるのだ。そのうえで、お互いが納得できる落としどころを探ればいい。

話を終え、睨むような鋭い目のサレハ議長に俺はこう答えた。

「私はイラクの実際の姿を見るために、ここに来ました。自分の目で見たまま、耳で聞いたままを日本で伝えます。そして、あなたたちのために私ができることを考えたい」

格闘家が尊敬されるイスラム社会

2人の会談が一番盛り上がったのは、ジュネード・バグダディという8世紀前の伝説の格闘家について話が及んだときだった。

バグダディは百戦百勝の強さを誇っていたが、ある相手と戦ったとき、その一家が金に困り、家族離散の危機にあることを知ると、わざと負けた。しかも賞金すべてを相手に与え、名声はさらに高まったという、イスラム圏では絶大な人気を誇る英雄なのだ。

俺がバグダディを尊敬していると話すと、サレハ議長は、「私はバグダディの子孫です」と、それまで厳しかった顔をほころばせた。彼が俺に好印象を持ったのは明らかだった。

イスラム社会では強い者が尊敬され、格闘家の地位が高い。しかも俺はイスラムの国パキスタンで、最強の格闘家といわれたアクラム・ペールワンに勝ち、パキスタンの国際レスリング委員会から「ペールワン（最強）」の称号を得ていたから、名前が知れていた。そして俺はモハメド・アリとも闘った男なのだ。

こうしたネームバリューも幸いしたのか、俺はサレハ議長に続いて、フセイン大統領の息子でもあるイラク・スポーツ委員会のウダイ委員長、さらにイラク政府のナンバー2であるマダン第一副首相とも会談することができた。

この時期にイラクの要人たちが次々に会ってくれたのは、イラク政府の日本に対する期待の大きさを示すものだった。

俺は現地入りしてからも朝のジョギングを欠かさなかった。まだ現役のプロレスラーだから当然だ。

ホテルの近くを走っていると、自然と人が集まってきた。

バグダッド入りして以来、俺の行動が報道されたこともあり、みんな顔を知っているのだ。中にはモハメド・アリとの闘いを覚えていてくれて、うれしそうに話しかけてくる人もいる。

「イラク国民は戦争なんか望んではいない」

それこそが、俺が現地の人々と間近に接し、肌で感じたことだった。

人質解放のために学んだイスラム教

ボクシングに詳しい方ならよくご存じだろうが、アリはカシアス・クレイ（本名はカシアス・マーセラス・クレイ・ジュニア）というリングネームで世界チャンピオンとなった。

しかし彼は黒人差別に抗い、ベトナム戦争への徴兵を拒否。同じ頃、黒人の解放を訴えるイスラムの団体に加入し、イスラム教に改宗、リングネームもモハメド・アリに改めたのだった。

徴兵拒否によってアリはチャンピオン・ベルトを剥奪され、リングから追放されたが、3年近いブランクを経て復活。自分の祖先が生まれたアフリカで、イスラム教徒として世界チャンピオンに返り咲いた。

そんな波乱の人生を送ったアリにとって心の支えとなったに違いないイスラム教に、俺も興味を抱いていたのだ。

さらに、俺はイラクに行く前から、人質解放のためには当然、イスラム教を深く学ばねばならないという覚悟があった。

イラク入りして以来、俺は精力的にイラク政府の要人と会った。そんな俺にイラクという国についてもっと知ってほしいと、現地のモスクや遺跡を案内してくれたのはウダイ委員長だった。

バビロン遺跡のそばのイスラム寺院では、コーランが流れる中、俺のために白と黒の2頭の羊が生贄として捧げる儀式が行われた。来賓を迎える際、羊を生贄に捧げるのはアラブでは最高の歓迎を意味するのだが、通常は1頭だという。2頭の羊を捧げるようなことは、国王クラスの来賓でも、めったにないらしい。

俺はこのとき、肌でイスラム教の教えを感じ、学ぶことができたのだと思う。イラク政府の懐に飛び込むには、これくらいやるのは当然だと考えていた。無謀だ、浅はかだと思う人もいるかもしれないが、俺はまったく躊躇しなかった。

俺のイラクでの活動に対してはバグダッドの日本人会も大変喜んでくれた。大使館も完全にお手上げ状態だったところに、突然、俺がやって来て、次々にイラク政府要人との会談を実現したからだ。

「スポーツと平和の祭典」を提案

現地の日本人会の人たちとは食事会も行い、多くの人たちから話を聞いた。

「日本からは誰も来てくれませんでした。でも、猪木さんのように私たちのことを忘れていない人もいるんですね」

「戦争になっても、とにかく生き抜いて、石にかじりついても日本に自力で帰るつもりです」

彼らが、明日にでも戦争が起こるかもしれない恐怖を感じているのは明らかだった。みんな、日本では考えられないプレッシャーの中で生きているのだ。

俺は日本人会から、老人や病人といった早期解放が必要な16人のリストを手渡され、翌日、これを持参してイラク政府の関係者に会った。しかし、簡単に「ハイ、そうですか」と納得してくれる相手ではない。彼らも自分たちの正義と理念の下に、自国民を守ろうと必死なのだ。

「あなたの申し出は、よく分かりました。必ず検討させていただきます」

という約束を取りつけるのが精いっぱいだった。

しかし、俺は諦めたわけではない。イラクに来る前から考えていた自分のプランを、ウダイ委員長にぶつけてみた。

「バグダッドのもともとの名前は、平和な都を意味する〝マディーナ・アッサラーム〟だと聞いています。そのような都市に今、戦雲が覆っています。それを払いのけるために、ここでスポーツや音楽による平和の祭典を開催したらどうでしょうか。バグダッドの地から、世界に向けて平和を訴えかけるんです」

ウダイ委員長はこれを快諾し、握手を求めてきた。

「それは素晴らしい。私がイラク側の受け入れの責任者になります。ぜひとも実現しましょう」

それは、イラクに来て初めて希望への道筋が見えた瞬間でもあった。

日本で待ち受けていた猛バッシング

イラクの人質解放を視野に入れた「スポーツと平和の祭典」。イラク政府との約束を取りつけた俺は、これを実現するためにバグダッドから帰国するや、すぐに行動を開始した。しかし、待ち受けていたのはマスコミの激しいバッシングの嵐だった。

単なる売名行為であるとか、身勝手なことをして日本政府の足を引っ張っているとか、あらゆるメディアで、さんざん叩かれた。

売名したければ、世論に与してイラク攻撃を主張したほうが簡単だ。イラクを理解するために、危険を承知で現地に入った俺の行動の、どこが売名行為なのだ。イラクに行き、政府要人と話し合いをした俺だけが批判され、日本で議論ばかりしている議員たちは、なぜ批判されないのか。俺は不思議でならなかった。

俺はイラクの主張が正しいとは言っていない。しかし、日本はアメリカがかざす正義に追従するだけだ。そんなものが国の方針と言えるのか。自分の足で動き、肌で感じ、判断することのどこが間違っているのか。

俺はバグダッドで「スポーツと平和の祭典」を開催するプランを発表し、連日、マスコミの取材を受けた。

そんな慌ただしい日々の中にあっても、俺には自分のビッグイベントが待っていた。レスラー生活の節目とも言える『アントニオ猪木30周年メモリアル・フェスティバル』だ。

1990年9月30日、横浜アリーナは1万8000人の大観衆で埋め尽くされ、世界中から懐かしい顔が集まってくれた。ルー・テーズ、アンドレ・ザ・ジャイアント、ビル・ロビンソン、ウィレム・ルスカ、スタン・ハンセン、ジョニー・バレンタイン……。みんな、俺と死闘を尽くしたライバルであり、だからこそ、彼らとの間に生まれた友情がリングを包み込んだ。

そして、この日、俺はかつての仇敵であるタイガー・ジェット・シンと組み、ビッグ・バン・ベイダー、アニマル浜口組と対戦した。久しぶりの試合で不安もあったが、イラクでも欠かさなかったジョギングが幸いしたのか、体はよく動き、アニマル浜口をフォールに仕留めることができた。

試合が終われば、すぐまた「スポーツと平和の祭典」開催に向けて奔走しなければならなかった。

ところが、協力を仰いだ企業の反応が鈍い。それぞれ中東地域に現地法人を持つ企業である。外務省が圧力をかけているのは明白で、露骨な〝猪木つぶし〟だ。しかし、俺はその程度の圧力に屈服する男ではない。出る杭は打たれるが、出すぎた杭は打たれない。そんな生き方をレスラー時代から続けてきたのだ。

人質の夫人の方々も口を揃え「自分たちも行く」

その頃、参議院議員会館にある俺の事務所に「あやめ会」のメンバーがやって来た。「あやめ会」とはクウェートから連れ去られ、バグダッドで人質になっている方の奥さん方の集まりだ。

一番辛い立場にいたのは彼女たちである。政府や外務省に掛け合っても、ご主人が所属する会社に掛け合ってもなかなか進展しない。藁にもすがる思いで、俺のところにやって来たのだ。

全員が「スポーツと平和の祭典」に賛同し、自分たちも行くと言い出した。その言葉には、国や企業が当てにならないのなら、自分でアクションを起こすしかない、という強い決意があった。それに応えるのが俺の使命だ。

「大事なご家族を一緒に取り返しに行きましょう」

俺は1か月後に、2度目のイラク入りをした。フセイン大統領から正式に「スポーツと平和の祭典」の開催許可が下り、日程は12月2日〜3日と決まった。

懇意にしていたマハディ・サレハ国民議会議長に、人質の夫人たちのビザ発給をお願いすると、彼はこんな言葉を付け加えた。

「彼女たちが、ご主人と一緒に帰れたらいいですね」

それは人質解放の希望の光が見えた瞬間だった。

俺は帰国後すぐ、夫人たちとイラク大使館を訪れた。大使は、ご主人たちのパスポートナンバーを提出するようにと言った。つまり、彼らが出国できる可能性はさらに高まったのである。

別れ際の大使の言葉がまた、俺たちを勇気づけた。

「帰りの旅も幸せでありますように」

外務省からの横やりでチャーター機が使えない

イラクの首都バグダッドで「スポーツと平和の祭典」を開催することが正式に決まり、俺は日本に戻るや、準備に駆けずり回らなければならなかった。

イベントの関係者の数はかなりのものとなる。日本人の人質家族の数だけでも46人になる。さらにレスラーやミュージシャンに、イベントを運営するスタッフもいる。新日本プロレスからは長州力、マサ斎藤、獣神サンダー・ライガー、橋本真也らが、海外からもバッドニュース・アレンなど数多くのレスラーが俺の呼びかけに応えてくれた。

すでに俺は、自民党の金丸信氏に会い、バグダッドまでのチャーター機を政府に出してもらう内諾を得ていた。ところが、これがすんなりとはいかなかった。当初は協力的な姿勢を見せていた全日空も日航も、ともに断ってきたのだ。

「政府のチャーター機として使える機種がないからダメだ」

というのが、その言い分である。本当の理由が何かは、すぐに察しがついた。外務省からの横やりが入ったのは明らかだ。

そもそも人質家族のイラク行きに対しても外務省の対応は冷たかった。いや、それどころか、露骨な嫌がらせをしてきた。

「イラクに行くことを止めはしません。しかし、訪問するご家族の安全については保証できかねます。それぞれ自らの責任において行動するというのであれば、自由にどうぞ」

こんなふざけたことを私に言ってきただけでなく、同様の趣旨のファックスを人質の家族に送りつけていたのである。つまり外務省は、猪木の口車に乗るなと言いたいのだ。

聞くところによれば、自民党のある代議士は、

「イラクとの窓口は自分であり、人質解放を実現できるのは自民党しかない」

「猪木とイラクに行っても無駄足を踏むだけだ」

と、夫人たちを盛んに説得していたらしい。

俺は抑え難い憤りが込み上げてきたが、自己保身と事なかれ主義の役人や政治家を相手にしていても時間の無駄だ。そう思って、グッとこらえた。

夫人たちは外務省の圧力を振り切り、さらにはご主人の勤務する企業の意向に反してイラク行きを覚悟している。その行動がご主人の出世に響くかもしれない。しかし、彼女たちは俺の行動を信じ、ついてくると言っているのだ。俺も腹をくって、何がなんでも「平和の祭典」を実現するために死力を尽くすしかない。

「猪木さんは同胞」と助け船をだしてくれたトルコ大統領

解決しなければならない喫緊の課題は、イラクに行くためのチャーター機の調達だった。八方塞がりの中で、俺の頭に一人の人物の顔が浮かんだ。トルコのトゥルグト・オザル大統領で

ある。少し前に、来日中のオザル大統領とトルコ大使館のパーティで会い、言葉を交わしていたのだ。

「大統領、いざというときは力を貸してください」

俺のイラクでの活動、さらにイスラム教に対する理解の深さを報道などで知っていたオザル大統領は、きわめて好意的だった。

「猪木さんは私たちイスラムの同胞のような方です。何かあれば喜んで協力させていただきましょう」

俺は、このときの言葉を信じて、大統領経由でトルコ航空にチャーター機の手配をお願いした。もちろん、二つ返事だった。

こうして俺たち一行は、わざわざ一度トルコから日本に来た飛行機に乗ってバグダッドに向かった。

ただし、バンコク、ドバイを経由して、アンマンでイラク航空に乗り換えなければならなかった。これはトルコの飛行機のままバグダッドに直行すると、チャーター料と同額の保険料を支払わなければならないという事情があったからだ。

なんとかイベントの前日に、俺たちは無事バグダッドに到着した。俺は迎賓館に招待され、スポーツ委員会のアリ・トルーキー副委員長と食事をした。本来、国賓クラスでないと迎賓館は使えないから、イラクの「平和の祭典」に対する期待の大きさが分かる。

祭典のレセプション会場には7人の閣僚が待っていた。

彼らに自分の思いを理解してもらうために、俺は真摯に、誠意を込めて平和を訴える演説をした。

イラクの大観衆の興奮と感動

1991年12月2日、いよいよイラクの首都バグダッドで「スポーツと平和の祭典」が始まろうとしていた。俺は人質解放を実現させるために、なんとしてでも、この大イベントを成功させなければならなかった。

吉報が飛び込んできたのは祭典がスタートする直前のことだ。イラクで人質になっている日本人と、その家族の対面が実現したのだ。これにより人質解放が確約されたわけではないが、事態が良い方向に一歩前進したのは確かである。俺も、その場に駆けつけ、みんなと喜びを分かち合った。

祭典初日の会場はアル・シャープ・スタジアム。3万5000人の大観衆を前に、サッカーの試合が行われた。続いて超満員に膨れ上がったナショナル・シアターで、日、米、仏のミュ

国際会議場での「平和の祭典」開会セレモニー。サダム・フセインの肖像写真の前でのスピーチ

ージシャンが集結してのコンサートが開かれた。

アメリカの歌手クリスティーヌが涙を流しながら、「サラーム」（平和を意味するアラビア語）を訴えれば、日本から参加した河内家菊水丸は河内音頭を披露した。

この模様はイラク全土にテレビ中継された。

翌日はサダム・アリーナで空手のトーナメントとプロレスの試合である。残念ながら、俺は持病の痛風が悪化し、靴がはけないほどの状態だったため、リングには立つことはできなかった。しかし、長州力、マサ斎藤VS馳浩、佐々木健介をメインとした闘いが会場を熱気に包み込んだ。

また、イラク側の監視つきではあったが、人質と、その家族もサダム・アリーナでプロレスを観戦することができた。

観衆の興奮と感動した様子を見れば、この祭典が大成功だったのは誰の目にも明らかだ。俺たちの平和に賭ける想いは、きっとイラク国民にも伝わったに違いない……そんな手応えがあった。

しかし、夕方に会ったイラク国民議会のマハディ・サレハ議長の反応は芳しくない。「人質解放は難しい」と漏らした。

その夜、俺は現地日本人会の代表者と歌手のクリスティーヌを伴い、スポーツ委員会のウダイ委員長を訪ね、平和の祭典が大成功のうちに幕を閉じたことを報告した。

しかし、彼もまた我々の話を黙って聞いているだけで、人質解放については何も語らない。

「フセイン大統領に手紙を書きなさい」

俺に焦りがなかったと言えば嘘になる。なにしろ俺たちは明日、チャーター機でイラクの地を発たなければならない。残された時間がないのだ。

「アントニオ猪木という男は約束通り、これだけのイベントを実現しました。あなたたちにも、その気持ちは十分すぎるほど伝わったのではありませんか」

強い調子で訴えたのは日本人会の代表者だった。ウダイ委員長は俺たちをじっと見つめて口を開いた。

「フセイン大統領に手紙を書きなさい」

俺は食い下がった。

「手紙を渡すのではなく、直接、大統領に話をさせてください」

しかし、それは無理だというのがウダイ委員長の答えだった。

深夜、ホテルに戻った俺は、すぐに手紙を書き始めた。平和の祭典の意義と人質解放を訴え、しかもフセイン大統領の心を動かす内容でなければならない。手紙の作成に協力してくれたのは、最初のイラク入りにも同行してくれたパキスタンのジャーナリスト、U・D・カーンだった。

さらに、ホテルには大統領の秘書兼通訳が手紙を受け取るために待機しており、彼もまた、さまざまなアドバイスをくれた。こうして俺は朝4時までかかって手紙を書き上げ、それを秘書に託した。

チャーター機の出発は、その日の午前11時だったが、人質の夫人たちのほとんどは、夫が解放されるまでバグダッドに残ることを決心していた。もちろん、俺もその覚悟だった。

やがて飛行機はイベントの関係者と数人の夫人を乗せて飛び立ったが、イラクからの返事は特にない。

当てが外れたという顔をしたのは、日本から同行したマスコミの連中だった。「夫人たちの勇気ある行動で感動の解放」というシナリオを勝手に思い描いていたらしく、俺に食って掛かる記者さえいたのだった。

イラク政府から「イエス」の返事が来ない

「人事を尽くして天命を待つ」ということわざがある。

自分のやれることをすべてやり尽くし、あとは余計なことを何も考えず、ただひたすら、天から与えられた運命に任せ、愚痴や不満を口にすることなく、時を過ごすということだろうか。

イラクの人質解放に向けて、打つべき手をすべて打った俺の心境が、まさにそうだった。

日本の国会議員として、ただ一人イラクに乗り込んで、政府要人と直接会って交渉を試み、その話し合いの中で「スポーツと平和の祭典」を提案した。

そして、その実現のために俺は奔走し、さまざまな障害はあったが、なんとか開催にこぎつけた。幸い、祭典は大成功。イラク国民が見ただけでなく、世界中のメディアが、その模様を新聞やテレビを通じて報道し、大きな注目を集めた。

当初は、この祭典がイラクに利用されることを危惧する人もいた。イラク制裁を決めた国連決議の足並みを乱すという声もあった。

しかし、祭典の最大の目的は、国際的な緊張の真っ只中にあるバグダッドで、スポーツと文化という戦争とは無縁の催しを行うことにより、緊張状態を和らげることにあったのだ。

世界中の世論が戦争による問題解決ではなく、平和的な解決に向かう弾みとなってくれたら……それが俺の願いだった。

人質解放の抜け駆け的な行為だとか、国際間の足並みの乱れを助長するとか、そんなケチな考えで、問題を先送りにしてしまっていいはずがない。

平和が本当に大切であると考えるなら、「まず自分のできることからやる」「どんな小さなことでもやってみる」ことにこそ、意義があるのではないか。俺は、そう思って人質問題にぶつかってきたし、その先にはきっと吉報が待っているはずだと信じていた。

しかし、祭典が終わっても、イラク政府は人質の解放について「イエス」とは言わない。やがて、祭典のスタッフや関係者を乗せた飛行機もバグダッドを飛び立ってしまった。

こんなときはじっと待つしかない。頭では理解していても、正直なところ、精神的にはつらかった。これまでの人生で、俺は、このときほど時間の経過を遅く感じたことはない。

ついに人質解放、歓喜のガッツポーズ

祭典から2日後のことだった。

平和友好連帯協会のサルマン議長の要請があり、議長と人質の夫人たちの会見がピースキャンプで行われた。そこでサルマン議長が、イラク政府は人質解放に対して前向きだという趣旨

の発言を連発したため、夫人たちは喜びを隠さなかった。待ち望んだ家族との再会に胸が高鳴るのは当然である。

しかし、まだ確証が得られたわけではない。俺はもし、これで解放されなかったら、という不安が拭い切れず、手放しで喜ぶわけにはいかなかった。

ウダイ委員長から、夫人たちと会談したいとの申し出があったのは、その日の午後だった。俺にはホテルで待機してほしいという。

「これはひょっとしたら、ひょっとするかもな」

そんな思いで待っていると、夜になって、ウダイ委員長が夫人たちに、人質解放の許可を出したという情報が、俺のもとに届いた。

「やった！　ついに人質の解放が決まった！」

俺はホテルの部屋で拳を振り上げ、ガッツポーズを決めた。

まもなく数えきれない報道陣の前で、解放された人々と、その家族の再会が果たされた。泣き崩れる人がいる。抱き合う人がいる。手を固く握り合い、言葉にならない言葉を交わしている人がいる。40組弱の家族の感動的な光景を見て、駆けつけた俺も胸の奥から熱いものが込み上げてきた。

その夜は、深夜まで全員で語り明かした。誰もが喜びと安堵にあふれた笑顔を見せ、話は尽

バグダッド市内の「マンスールホテル」で、解放された人質だった人たちやその家族と喜びを爆発させる

きなかった。

俺自身、「政治家になって本当に良かった」と、心の底から思える時間だった。

翌日、フセイン大統領から人質解放の提案が国民議会に出され、正式に承認された。

こうして俺たちは無事、日本に帰国したのだった。

安全な場所から指示を出す外務省

早いもので、イラクの人質解放から30年に近い年月が流れた。

当時、俺はまだ駆け出しの1年生国会議員。渦中の国であるイラクに乗り込み、現地で政府要人との会談を重ねても、「おまえのような新米に何ができるのか」というのが、ほとんどの国会議員の認識だった。誰も俺の意見に対し、真剣に耳を傾けようとはしなかった。

しかし、いざ人質解放が現実のものとなると、その風向きは少し変わった。

ある政治家は俺のイラク訪問で、イラクに対する日本の一般の人たちの考え方が「戦争やむなし」から、平和的解決へと大きく変わったと評価してくれた。

あるいは、こんなことを言う議員もいた。

「猪木さんが羨ましい。一人だから、なんでもやりたいことができる」

しかし、この考え方はおかしい。明らかに矛盾している。「一人でできることには限界があるから、政党に所属する」と考えるのが、ほとんどの政治家である。だから、無所属で立候補しても当選すればすぐに大きな政党に入ってしまうのだ。「一人が羨ましい」なんて、何を甘っちょろいことを言っているのか。

政治家も政治家なら、外務省も外務省だ。彼らから感謝の言葉を聞いたことは、ついぞなかった。人質の夫人の一人が外務省について語っていた。

「私たちは現地で、命をかけて闘っているのに、彼らは安全な場所で指示を出すだけだった」

俺は外務省に応援してもらおうなどとは考えもしなかった。しかし、企業や人質や、その家族にまで圧力をかけたり、チャーター機を出させないようにしたりといった、姑息な妨害はしてほしくなかった。

外務省も政府も、賢く俺を利用すればいいのだ。もし、俺が何か国際問題でも起こしたら、「政府の方針を無視して猪木が勝手にやったことです」と切り捨てればいいし、うまくいったら、自分たちの手柄にすればいい。俺はそれに対し、文句を言うつもりはない。

そもそも国際政治における外交とは二枚舌、三枚舌の世界である。馬鹿正直に、アメリカの方針に追従していればいいというものではない。

もっとしたたかにならなければ、日本を取り囲む超大国と渡り合えるはずはないのだ。こうした日本の外交力のひ弱さは今も変わっていない。
人質解放の翌年、イラクはフセイン大統領がクウェートからの撤退を拒否し、湾岸戦争が勃発した。

大使館の青年がくれたカップラーメン

俺は和平の道を探るため、再びイラクに乗り込むことを決意した。しかし、戦争中の国に入るのは容易ではない。まず、イランのビザと通行許可を取り、イタリア経由でイランに入ることにした。ローマの行きつけのレストランのおやじが、事情を聞いて食糧を鞄に詰めてくれたのが心にしみた。

イランでは非公式ではあったが、大使館に勤める青年たちが「私たちは何もできませんが、せめて、これを」とカップラーメンを持たせてくれた。レンタカーでイラク入りし、野宿したときに役立ったのは、このカップラーメンだった。

こうして苦労の末に訪れたバグダッドは惨憺たる状況だった。俺たちの宿泊したホテルも電気が止まり、当然、冷暖房もない。夜は毎晩、空爆だ。爆撃機を地上から撃つ砲弾が花火のように光り、夜空をオレンジ色に染め上げた。

イラク側の被害は甚大で、非戦闘員である市民や子どもが爆撃で殺され、病院は悲惨な姿のケガ人であふれ返っていた。

結果的に、政府の要人とは誰とも会うことができなかった。すでに戦争は末期で、イラク政府内も混乱を極めていたのだ。

俺は空爆下のバグダッドで48歳の誕生日を迎えた。苦労して食材をかき集め、焼きそばを作ってくれたのは、俺のファンだというホテルのコックだった。その味は今でも忘れられない。

アメリカのブッシュ大統領が湾岸戦争の終結と勝利を宣言したのはそれから1週間後だった。

しかし、イラクは今もインフラ整備が滞り、難民があふれている。30年たっても、何も変わっていない。

師匠・力道山の想いを胸に　～北朝鮮篇

オヤジのルーツに触れる

俺の師である力道山《オヤジ》は、亡くなった年の1963年1月に韓国の地を訪れている。政治家の大野伴睦氏らの訪韓に同行したのだ。

現地で大歓迎を受けたオヤジは、韓国と北朝鮮の軍事境界線がある板門店も訪問した。オヤジのたっての願いで実現したのだった。

オヤジは板門店で軍事境界線を目にすると、極寒の時期にもかかわらず、突然、上着を脱ぎ捨て、上半身裸になって走り出した。当時の板門店には韓国軍はもちろん、米軍も駐留しており、一時は大変な騒ぎになったが、オヤジ自身は周囲の様子には目もくれず、境界線を前に大声で叫んだ。

「お父さ～ん」

「お母さ～ん」

北朝鮮に暮らしている両親に向けて発した言葉だったとも一説には伝えられるが、本当のところは分からない。

なぜなら、俺も、この光景を自分の目で目撃したわけではないからだ。国会議員となり、外交問題に強い関心を抱くようになって初めて知った事実である。

北朝鮮の核保有が国際問題化した1994年のことだから、オヤジの訪韓からすでに30年近い年月がたっていた。日本国内ではテロも辞さない軍事国家として北朝鮮の脅威がメディアで盛んに喧伝された時期で、俺は、このとき初めて「自分にできることはないだろうか」と真剣に考えるようになったのだ。

思い立ったら、すぐに動くのがアントニオ猪木の流儀である。俺は資料や情報を集め、北朝鮮について猛勉強を開始した。その過程で知ったのが先の板門店での騒動であり、オヤジの娘さんが北朝鮮で暮らしているという情報だった。

膨大な資料の中には北朝鮮で出版された『力道山物語』の日本語訳版もあり、読んでいて「なるほど、あのときは、そういうことだったのか」と腑に落ちることも少なくなかった。

たとえば、亡くなる2年前に新潟で興行を行ったときのことである。当時のプロレス巡業は3日試合をしたら2日休みというスケジュールが組まれていたのだが、あるオフの日、オヤジが朝から、どこかへ出かけたまま戻って来ないことがあった。付き人の俺は大好きなゴルフにでも行っていると思っていた。

しかし、この日、オヤジは北朝鮮に残してきたとされる娘、キム・ヨンスクさんと会っていた。新潟港にきた北朝鮮への帰還船の上でのわずかな時間の対面だったが、ヨンスクさんはオヤジと食事をし、オヤジの前で歌まで披露している。

オヤジが抱えていた悲しみや深い孤独

一般に、シルム（朝鮮半島の格闘技）の実力者であったというオヤジが日本に来たのは15歳とされる。だが、その年で子どもがいたとは考えづらい。おそらくサバを読んでいたのだろう。

オヤジの日本における大活躍と絶大な人気は、1959年から始まった在日朝鮮人の帰還事業を通して北朝鮮にも伝わった。帰還船で帰った人たちが話す武勇伝の噂が国中に広まり、オヤジの娘であるヨンスクさんが国賓級の待遇を受けるようになるまで時間はかからなかった。

こうした事実を知れば知るほど、俺は北朝鮮に行くべきだと考えた。日本と北朝鮮との関係に風穴を空けるとしたら、俺しかないと思ったのである。

俺のオヤジへの思いは複雑だ。力道山という人はとにかく手が早く、怒ったと思った瞬間にはもう強烈なパンチが飛んできた。数えきれないほど殴られたが、たいていは、その理由もわからなかったし、あの腕っぷしだから、痛みたるやハンパではなかった。

しかし、その一方で、出自を明かせないオヤジが抱えた悲しみや孤独の深さは理解できる。俺も少年時代にブラジルに渡り、孤独の闇を体験し、何度も望郷の念に駆られたからだ。

さらに、オヤジはプロレスラー引退後のプランとして、国会議員となることを考えていた。その先には、北朝鮮との国交回復の夢もあったはずである。師の遺志を継ぎ、彼の地に思いを届けるとしたら、それができるのは俺しかいない。そう痛切に思ったのだ――。

緊張が高まる中、初めての訪朝

1994年、俺はオヤジの思いを果たすため、北朝鮮に行くことを決意したわけだが、タイミングは最悪だった。北朝鮮が国連の核査察を拒否するなど、核の配備を巡って朝鮮半島の緊張が一気に高まった年だったからだ。

しかも、こんなデリケートな時期の訪朝を可能にするようなコネや人脈は、俺には一切ない。

しかし、あれこれ考えたところでラチはあかない。こういうときは正面突破するしかないと考え、俺は直接、朝鮮総連に乗り込んで交渉した。北朝鮮への渡航を申請すると、事務員の対応は予想以上にシンプルなものだった。

「猪木さん、訪朝の目的を教えてください。スポーツマンとして行かれるのですか。それとも政治家として訪朝したいのですか」

俺の答えは一つ。

「私は力道山の弟子です。師匠の思いを伝えるために行きたいのです」

やはり、オヤジの影響力は大きかったのだろう。まもなく渡航許可が下り、北京経由で北朝鮮に入ることになった。

しかし、一寸先は闇、それが政治の世界である。忘れもしない、1994年7月8日。北京空港での手続きをすべて終え、出発が間近に迫ると、北朝鮮外務省の役人が真っ青な顔をして走ってきた。

「申し訳ありませんが、猪木さんをお迎えすることができなくなりました」

それもそのはずだ。テレビを見ると金日成主席が亡くなったニュースが流れている。こんなときに訪朝できるはずはなく、俺は日本に戻るしかなかった。

しかし、それから2か月後、今度は北朝鮮から正式な招待状が届いた。俺も、この頃にはすっかり北朝鮮の情報に精通していた。

たとえば、オヤジの娘さんのキム・ヨンスクさんがオヤジからの資金援助で大学を卒業し、ベンツのリムジンまで贈られていたのを知った。オヤジが「世界一の車をプレゼントしたい」と言って探させたらしい。

さて、現地で会うことになっていたヨンスクさんへの手土産を何にすべきか。俺は元プロ野球選手の森徹さん（2014年に逝去）に相談した。森さんは中日や大洋で活躍し、本塁打王も獲得したスラッガーだ。オヤジとは義兄弟のように仲が良かった。

そんな森さんが託してくれたのは、力道山の名前が入ったゴルフクラブのセット。平壌国際空港で俺を出迎えたヨンスクさんにオヤジの形見ともいうべきゴルフクラブを渡すと、思った通り大喜びだった。

会食中に思いついた「平和の祭典」の開催

こうして生まれて初めて北朝鮮の大地を踏み、政府要人との食事会に臨むことになったのだが、その窓口となってくれたのはオヤジの娘さんのご主人でもある北朝鮮国家体育委員長のパク・ミョンチョルさんや、当時の北朝鮮幹部のナンバー3だったキム・ヨンスン氏だった。

しかし、食事会とは名ばかり、相手はいきなり日本政府の北朝鮮への対応や、マスコミ報道が誤解に基づくものであることなど、感情的に話し始めたのだ。

俺はあえて反論せず、聞き役に徹した。こういうときは相手に言いたいことを全部言わせたほうが、物ごとはスムーズに運ぶもの。そして頃合いを見計らって尋ねた。

「ところで、北朝鮮のミサイルは日本に向けられているそうですね」

一瞬、その場の空気が凍りつき、シーンと静まり返った。すると、役人の一人が話の矛先を変えた。

「そろそろ食事にしましょう。そういう政治的な問題は、お互いの信頼関係が解決するはずですから」

食事会では酒も入り、徐々に打ち解けたが、それでもまだ日本のマスコミへの不満を口にする役人がいた。このとき、俺が思いついたのが「平和の祭典」の開催だった。

「祖国の英雄・力道山が築いたプロレスを北朝鮮の国民にお見せし、同時に世界中の人を招待して、北朝鮮の本当の姿を知ってもらってはどうでしょう。私もリングに立ちます！」

その場にいた役人たちの目の色が変わったのは明らかだった。こうして、世紀の一大プロジェクトが動き始めたのである。

盟友モハメド・アリの圧倒的知名度

北朝鮮で開催した「平和の祭典」で忘れられない人物と言えば、やはりモハメド・アリだろう。

俺は第1回訪朝でプロレス興行をメインとする「平和の祭典」を提案したわけだが、これを単なる口約束で終わらせないために1週間の滞在期間中に可能な限り具体的な話を進めた。

この手の話はその場の雰囲気で盛り上がるだけ盛り上がっても、実際に実現することは案外少ない。実現したとしても、何年もかかることがほとんどだ。

しかし、これでは意味がない。日朝間のみならず、北朝鮮の核の脅威に世界が緊張している今だからこそ開催の意味があるのだ。俺は少なくとも1年以内に開催する腹づもりで多くの要人と会った。

熱意が通じたのか、北朝鮮政府は興行の責任者としてリ・ジュンショクという大臣経験もある外交のベテランを選任。準備委員会まで作ってくれた。これは当時の北朝鮮とすれば、異例といえる迅速な対応だった。

しかし打ち合わせの段階で、北朝鮮サイドからリクエストがあった。

「世界的な知名度のあるアーティストを呼んでいただきたい。できれば、マイケル・ジャクソンあたりがいいのですが……」

俺は咄嗟に頭の中でマイケル・ジャクソン招聘の現実性を考えた。まず、ギャラが想像もつかない。いや、それ以前に、彼を呼ぶコネもルートもないから、招聘そのものが難しい。仮に呼べたとしても1年以内の開催は無理だろう。

俺はふと頭に浮かんだ人物の名前を口にしていた。

「マイケル・ジャクソンではなく、モハメド・アリはどうでしょうか」

誰一人として異論を口にしなかった。

「アリなら大歓迎です。猪木さん、お願いします」

すでに俺がモハメド・アリと戦って20年近い歳月がたっていた。全世界で中継されたこの一戦は、今でこそ異種格闘技戦の嚆矢として評価されるが、当時のマスコミには「世紀の凡戦」と酷評されたものだ。しかも俺は莫大な借金を背負うことにもなった。

しかし、3分15ラウンドの死闘を演じたことで、俺とアリは2人にしか理解できない強い絆のような感情が芽生えたのも事実だった。その後、アメリカのビバリーヒルズで開かれたアリの結婚式にも出席するなど、ずっと友情を育んできた。

フラッシュを浴びて別人になったアリ

俺が国会議員となってからも、アリのネームバリューは強い味方だった。どの国に行っても俺は「あのアリと戦った男」として知られていたし、たいていの要人が快く会ってくれた。

そして、今また北朝鮮での「平和の祭典」にモハメド・アリの存在は大きな役割を果たすことになった。オヤジといい、アリといい、猪木外交にはプロレスで培った財産が随所に生きている。

「平和の祭典」は俺の第1回訪朝から7か月後の1995年4月28日から開かれることとなった。

出演を快諾してくれたアリだったが、アメリカ政府が訪朝を許可しないため、彼は俺に断りを言うために来日した。ところが、ギリギリの段階になって突然、許可が下りたのだから、俺もアリも強運である。

それより久々に会って俺が心配したのはアリの体調だった。持病のパーキンソン病が悪化しており、奥さんの付き添いがなければバスの乗り降りもままならない。当時のアリが一切マスコミに姿を見せない理由も分かった気がした。

しかし、俺は北朝鮮に入り、アリの凄みを目撃することになる。アリは現地で熱烈な歓迎を受け、カメラの無数のフラッシュを浴びると別人のようにシャンとして、バスのステップを一気に上がったのだ。

壇君窟という名所を訪れると、今度は百段以上の階段を一人で登り切ってしまった。それは、日本での姿からは想像すらできないことだった。

スーパースターは人々の視線をエネルギーに変えてしまう。おそらく北朝鮮での一大イベントがアリの肉体と精神を蘇らせ、その翌年のアトランタオリンピックへとつながったのではないか。

あの感動的な聖火台の点火シーンを見たとき、俺はそれを確信した。

いきなり懐に飛び込む「猪木外交」

アントニオ猪木流の議員外交については、何かと批判する人はいまだに多い。

２０１８年９月には建国70周年記念式典に招待され、33回目の訪朝を果たしたわけだが、政府は北朝鮮に経済制裁を発動している状況を考慮し、渡航を自粛するよう国民に要請を出していた。だが、俺は訪朝を決行した。なぜなら外交の真の意義とは、政治や思想の枠組みを超えて理解を深めることにあると考えるからだ。

こんな俺のやり方を、いろいろと言う人間もいる。そうした批判は甘んじて受けても構わない。しかし、いくら言われようが、俺には、これまで海外の人々と直でやり合ってきた確固たる経験がある。

国境を越えた交流は自らアクションを起こし、相手と腹を割って話し合わなければ始まらない。俺はプロレスラーだった頃から、このやり方で茨の道を切り拓いてきた。まずは相手の懐に飛び込む——それが事態を好転させるカギであるのを肌で知っている。

１９９５年に実現した北朝鮮の「平和の祭典」だが、実は開催１か月前に、こんなことがあった。

訪朝の目的は細かい事項の最終確認だった。我々が滞在する平壌のホテルで夕食を終え、くつろいでいると、キム・ヨンスン書記が突然やって来たのだ。それもハンティングの誘いだ。

「ノロという獰猛な獣がいるのですが、これから、それを狩りに行きます。猪木さんも来てください」

聞けば、ノロとは角のない鹿のようにも見える、猪のようにも見える動物らしい。私としても興味津々だ。しかし時刻は夜の11時を回っている。誘われたのは私一人。他には誰も連れて来ないでほしいというのだ。同行の秘書が心配するのも当然だった。

「猪木さん、ちょっと待ってください。何かあったら大変です。この話、丁重にお断りしましょう」

しかし、俺は少しも恐怖を感じなかった。腹をくくっていたと言ったら、カッコつけ過ぎだろうか。

「大丈夫。せっかくの誘いだ。ここは相手の手の内に乗っかってみようじゃないか。案外、面白いことが待っているかもしれない」

こうして俺は、車でかなり走ったところにある半月山という原野で、生まれて初めてのノロ撃ちに挑戦した。

ベンツ2台のヘッドライトで前方を照らし出すと、エサを求めてノロが次々に集まってくる。それをライフル銃で撃つのだ。しかし、外の気温は零下10度以下。そのため、朝鮮ウォッカが用意されていた。

光が漏れる窓から、様子をうかがう人物

極寒の地で飲むウォッカは、まるで水のように飲みやすい。しかし車に戻ると、体がボワーッと熱くなってくる。

そんなことを繰り返しながら、結局、5頭を撃った。おそらく、日本人でこんな経験をしたのは俺くらいだろう。

さて、ノロ撃ちの際中に気になる建物が俺の視界にはあった。窓から漏れる光がやけに明るく、中から、こちらをうかがっている人物がいるのが分かる。

「ひょっとして……金正日委員長ですか」

俺の問いに対し、キム・ヨンスン書記は何も答えなかった。否定も肯定もしない、その沈黙こそが答えだと思った。確証はないが、金正日委員長はアントニオ猪木が、どんな人物かを自分の目で確かめたかったのではないだろうか。

そのために用意された深夜のハンティングだと考えれば、すべて合点がいく。

結局、狩りは明け方まで続き、俺は一度、半月山近くのホテルに戻った。そしてその後、平

壊のホテルに帰ると、秘書たちが飛び出してきた。全員一睡もせず、俺の帰りを待っていたのだ。どうやら、俺が北朝鮮政府に拉致されてしまったと本気で思っていたらしい。

よけいな心配をさせて申し訳なかったが、俺にすれば相手と本気で心を通わせるには、これくらいの危険を冒すのは当たり前だ。今となっては「平和の祭典」という一大イベントを成功させるための、ちょっとした通過儀礼のようなものだったと思っている。

なお、ノロ撃ちは翌日の夜も行われ、今度は6頭を仕留めた。そして、バーベキューで食べるノロは思いのほか、うまかった（笑）。

日本人も洗脳されている

日本人の北朝鮮に対する印象を言葉にすれば、「独裁政権」「軍事国家」「拉致問題」といったところだろうか。これらのキーワードを集約すれば、「北朝鮮は怖い」というイメージができあがる。

しかし、何度も訪朝を重ねた俺から言わせてもらうなら、それらはマスコミがつくり上げた北朝鮮の一面でしかなく、必ずしも真実ではない。

日本ではしばしば、北朝鮮の国民は政府に洗脳されているといわれるが、実は日本人も、マスコミ報道によって洗脳されているのではないか。そんな気さえする。

しかも、そうした状況が30年以上にわたって続いているのだから、両国の関係が改善に向かうはずはない。

「平和の祭典」も、こうした先入観がちょっとした障害になった。当時の新日本プロレスで活躍をしていた所属レスラーたちに訪朝をお願いしたのだが、一部のレスラーが北朝鮮のリングに上がることに難色を示した。

無理もない。彼らも報道でしか北朝鮮のことを知らないのだから。

「向こうで拉致されたら、2度と日本に帰れなくなるんじゃないですか」

そんなことを真顔で心配をするレスラーもいた。しかし、「平和の祭典」の開催が両国の未来にとって、いかに意義があるかを諄々と説くことで、最後はこのイベントに参加する栄誉を感じてくれた。

とはいえ、北朝鮮の人々が見たいのは日本人レスラー同士が戦うことではない。むしろ見たいのはアジア人が欧米人を倒す雄姿である。力道山を英雄として仰ぐ国民性を考えれば当然だ。

そこで俺は、太いパイプがあるアメリカのプロレス団体WCW（2001年に活動を終了）と交渉し、リック・フレアー、ロード・ウォリアー・ホーク、スコット・ノートン、リック・

スタイナー、スコット・スタイナー兄弟らトップレスラーを招聘した。

さらに、女子プロレスラーの参戦も決まった。

彼女たちは訪朝を躊躇する様子がまるでなく、案外、女性のほうが肝は据わっているのかもしれないと思ったものだ（笑）。

思えば、「平和の祭典」は、女子レスラーが新日本プロレスのリングに初めて上がった歴史的な大会だった。

最大の難問はリングの設営だった

訪朝したのはレスラーだけではない。日本でヒット曲を持つ有名歌手やミュージシャンの参加も決まった。

しかし、解決しなければいけない問題は参加メンバーを集めることだけではなかった。

最大の難問はプロレスの試合で使うリングの設営である。

それまで北朝鮮では開催したことのないプロレスを見せるのだから、すべての機材を日本から搬送しなければならない。まず東京から新潟へ、さらに新潟から万景峰号で運ばなければならなかった。

とりわけ苦労したのはラワン材（木材）の調達と敷設だ。会場となる平壌のメーデー・スタジアムは天然芝なので、それを傷めないように全面にラワン材を敷き詰めなければならない。ラワン材の費用だけで２０００万円以上かかっているのだ。

なお、このときのラワン材は祭典終了後、平壌市内の劇場やサーカスの補修に使われたようだ。

もちろん、レスラーたちのギャラや渡航費用もすべて、こっち持ちだった。スタッフに聞いたところでは巨額の経費がかかっており、新日本プロレスは銀行から借り入れをしなければならなかった。

まあ、俺はこうした資金繰りについては、ほぼタッチしていない。一度決断すると、金銭面のことは何も考えずに走り出してしまう。後からついてくるスタッフには苦労をかけていると思う（笑）。

しかし、このときは半年後、10月9日に東京ドームで開催した新日本プロレスとＵＷＦインターナショナルの対抗戦が満員札止めとなる大当たり。一夜で莫大な儲けが出て、借金は完済してしまった。

やっぱり、プロレスには夢があるぜ。

世界最多の38万人を動員した「平和の祭典」

新日本プロレスの国内における観客動員の最多記録は、１９９８年に開催された俺の引退試合だそうだ。東京ドームに7万人を超える観客が集まった。

しかし、その3年前の１９９５年に北朝鮮で開催された「平和の祭典」(正式名称は「平和のための平壌国際体育・文化祝典」)は、初日も2日目も19万人、合計38万人の観客動員を記録した。なんでも、プロレス興行としては世界最多の観客数だったらしい。

マスゲーム要員が2万人か3万人は動員されているから、19万人すべてが純粋な観客とは言えないかもしれない。しかし、その分を差し引いても、1日で15万人以上の北朝鮮国民が俺たちのプロレスを観戦したのは間違いない。

初日に一番受けたのは女子プロレスだった。

女性がリングで格闘するとは、北朝鮮国民は誰も想像もしてなかったのだろう。彼女たちが見せる激しい闘いに、北朝鮮の観客は大興奮した。

余談だが、この「平和の祭典」を通じて北斗晶は佐々木健介と知り合い、結婚に至った。北斗晶がテレビで人気を博すのは、これよりずっとあとのことである(笑)。

俺がリングに上がったのは、2日目のメインイベントだった。

19万人の観客の威圧感や迫力が、どれほどのものであるかは、実際に体験してみないと分からない。

巨大なスタジアムの中央に設置されたリングから四方を見渡すと、会場の遥か上方の座席まで、観客でぎっしり埋め尽くされている。

この異様な熱気の中で、俺と元ＮＷＡチャンピオン、リック・フレアーの試合のゴングは鳴った。

俺が技を仕掛けると、それだけで地鳴りのような歓声が起き、その興奮はリング上の俺の肌にビンビン伝わってくる。これほどリングと観客が一体化した試合は、俺のプロレス人生を振り返っても数えるほどしかない。

視聴率99％、一夜にして消えた反日感情

試合は俺とフレアーの間で技と技、力と力の激しい攻防が繰り広げられ、19万人の大観衆は沸きに沸いた。その熱い闘いこそ、オヤジが築き上げたプロレスであり、俺が北朝鮮国民の脳裏に焼きつけたかった「闘魂」である。

「燃える闘魂」は今でこそ俺のキャッチフレーズのようになっているが、ルーツはオヤジにあ

る。

というのも「闘魂」の二文字は晩年のオヤジが好んで使った言葉で、付き人だった俺はオヤジが頻繁に色紙に書くのを見ていた。そして俺は、その言葉をオヤジが残してくれた財産として、ずっと大切にしてきたのだ。

では「闘魂」とは何か。俺は自分自身に打ち勝つことだと解釈している。さらに言えば、リングに上がったら自分に妥協せず、観客に過激なプロレスを見せることで自らの魂を磨いていくことだと理解している。

この日、そんな俺の思いは19万人の大観衆に伝わったはずだ。彼らは俺が闘う姿の向こうに、祖国のヒーロー、力道山の勇姿を見たのではないだろうか。

試合を終え、リングで両手を上げると熱い拍手が鳴り止まず、大歓声が俺の体を包み込んだ。

「これだけの大観衆の前で試合ができたんだ。もう、いつ引退してもいい」

そんな思いが頭をよぎるほどの充実感があった。聞くところでは、この2日間のテレビの視聴率は99％だったという。翌日、街に出ると、プロレスごっこをしている子どもたちを数多く見かけた。かの地の有名人となった俺に対し、「選挙に出れば絶対に当選ですよ」と言う関係者もいた。

しかし、俺はそんな自分のことより、北朝鮮が世界中から1万人の観光客とマスコミを迎え入れてくれたことがうれしかった。門戸を閉ざしているだけでは誤解が広がるだけだ。しかし、少しでも交流が生まれれば、そこに新たな外交の可能性も見えてくる。

ある政府高官は「平和の祭典」を、こう評価した。

「一夜にして反日感情が消え去りました」

外交とは、国と国との関係を緊張させることではない。訪れた国の人々を勇気づけ、明るくすることだと、俺は信じている。

朝鮮民族の聖地と言われる白頭山でのカット

終章

馬鹿になれ、恥をかけ
～すべての日本人へ

パラオ政府から贈られた「イノキアイランド」

俺が南太平洋の、サンゴ礁に囲まれた島国パラオに、初めて上陸したのは１９８０年のことだから、もう40年近く前になる。

一度でも行ったことがある人なら分かるだろうが、パラオは、まさに地球の楽園という形容がぴったりの美しい国だ。真っ青な空に白砂のビーチがまぶしく、世界屈指の透明度を誇るターコイズブルーの海には大小４００に近い島が浮かんでいる。

その中の一つに「イノキアイランド」という名前の島がある。もちろん、たまたま、そんな名前だったわけではない。俺がパラオ政府からプレゼントされた島なのだ。では、なぜ、俺は島をプレゼントされたのか。

その話に入る前に、まず簡単に日本とパラオの歴史的な関係について説明しておくべきだろう。

日本がドイツ領だったパラオを占領したのは１９１４年。６年後には、パラオは国際連盟によって日本の委任統治領となった。その後、日本人が次々に移住し、１９３８年には首都コロールのパラオ人の人口が１３００人ほどだったのに対し、日本人は、その10倍以上にもなったらしい。

常識的に考えれば、統治される側の人々は統治する国に対して、いい感情を抱かないものだが、パラオはそうではなかった。

というのも、日本人はパラオの人々に優しく、親切だったのだ。魚の捕り方、米や野菜の作り方を教え、さらに、病院や学校や鉄道まで造ったのである。多くの日本人とパラオ人が結婚し、今でもパラオの地には日系二世、三世がたくさん暮らしている。

さらに「ヤスミ」(休み)、「デンワ」(電話)、「ダイジョーブ」(大丈夫)、といった多くの日本語が現在も使われている。

太平洋戦争中は日本海軍の基地となり、パラオはアメリカの攻撃対象だった。パラオ諸島の一つ、ペリリュー島で大激戦が繰り広げられたことを知っている人も少なくないだろう。

しかし、パラオと日本の間では不幸な出来事は起こらなかった。日米に多くの戦死者を出した激烈な戦闘の中にあって、パラオの民間人には一人の死者も出なかったのだ。このような背景があり、今でもパラオの人々は日本人に対して好意的なのである。

戦後は日本との交流は希薄になったが、1970年代の半ば頃から日本の歌番組やプロレス番組がパラオのテレビでも放映されるようになり、これが大人気だった。

特にパラオ部族は戦闘的な一面もあり、強い人間には憧れるため、俺は現地でスーパースター級の人気だったらしい。パラオのかつての首都コロールの首長も俺の大ファンで、何度か来日し、俺とモハメド・アリの一戦も見たようだ。そんな縁もあってか、パラオ政府から「一度、我が国に来てほしい」という依頼があった。

パラオ政府としては日本との交流を深め、日本人にもっとパラオを知ってほしいとの思いがあったのだろう。美空ひばりさんも、そうした架け橋となる候補者の一人だったといわれている。

俺は二つ返事でOKし、すぐにパラオに飛んだ。とにかく海が好きなのだ。世界中どこに行っても、目の前に海があれば、まず飛び込んで泳ぐ。それは俺の流儀といってもいい。

当時、パラオの空港はターミナルといっても、建物の屋根はヤシの葉で覆われているような質素なものだったが、多くの人が日の丸の旗を振って歓迎してくれた。

俺を何よりも感動させたのは海の美しさだった。

透明度が高いだけではない。潜ってみて一番驚いたのはサンゴ礁とそこに群れる無数の魚の群れだ。その光景は、もしかして浦島太郎が見た竜宮城とはこんなところだったのではないかと思わせるほどカラフルな別世界だった。

パラオの島を案内してもらった後、政府関係者と歓談している夜の宴席で、俺を招いた首長から、こんな提案があった。

「ご覧になっていただいた通り、パラオにあるのは海と島だけで、お土産に差し上げるようなものは何もありません。よかったら、島を一つもらっていただけませんか。猪木さんの激しい闘いの疲れを癒す、屋根のないホスピタルと思っていただければ幸いです」

もちろん、俺に異論はあるはずがなかった。

環境問題に取り組み始めたきっかけ

正確に数えているわけではないが、パラオにはこれまで100回以上行っているはずだ。そのたびに俺はパラオの海に潜って泳ぎ、心身をリセットしてきた。だから、海の中の変化に対しては敏感である。サンゴ礁がどんどん減少しているのだ。

サンゴ礁が地球の生態系で果たしている役割は大きい。たとえば、サンゴは体内で光合成を行うことで、海中の二酸化炭素を吸収し、酸素を放出している。これによって海は透明度を保つことができるのだ。

そんなサンゴが確実に減少している。しかもそれはパラオの海に限ったことではなく、地球規模で絶滅の危機に瀕している。

ちょうどパラオ政府から「イノキアイランド」を贈られて間もない時期に、サンゴ礁の異変が世界的に注目されるようになった。大きな原因とされたのが1982年から1983年にかけて起こった大規模なエルニーニョ現象である。

エルニーニョ現象とは、太平洋赤道域の日付変更線付近から南米ペルー沿岸にかけての広い海域で海面水温が上昇することで引き起こされる異常気象のことだ。

こうした水温上昇によりサンゴの白化現象、簡単にいってしまえばサンゴが真っ白に変色し、やがては死に至るようになった。当時は地球温暖化とサンゴの白化現象の関係はまだ議論の段階だったが、今ではその因果関係は科学的にも明らかになっている。

俺が環境問題に取り組み始めたのも、サンゴ礁の白化をなんとか食い止めようと思ったのがきっかけで、国会議員になってからも「環境問題」を政治活動の柱としていた。

ところが、サンゴの危機に対する人類の関心はまだまだ低い。海の中のことだから、ほとんどの人はその事実について実感を持って受け止められないのかもしれない。

しかしサンゴ礁の白化現象は世界各地に広がっている。パラオだけでなく、沖縄やオーストラリアのグレートバリアリーフなど、美しい海でのサンゴの死滅が次々に報告されている。

パラオの海で魚とともに泳ぐ

魚がホームレスになる⁉

俺がサンゴの保全に取り組んでいることを知ってか、こんな質問をしてくるファンもいる。

「猪木さん、海からサンゴ礁がなくなったら、どうなるんでしょうか？」

こういう場合、長々と専門的な話をしてもしょうがない。俺はシンプルにこう答えている。

「魚がホームレスになるということですよ」

というのも、サンゴ礁は「海のゆりかご」とか「海の熱帯雨林」と呼ばれるほど豊かな生態系を形成している。魚をはじめとする多様な生き物の隠れ家や産卵場所となっているのだ。

その中にはサンゴを食べている魚もいるし、サンゴから生産される栄養分を利用している生物もいる。

沖縄では海の生き物の4分の1はサンゴ礁に頼っているともいわれるほどで、サンゴがなくなれば、当然、無数の生物が家を失ってしまうことになる。

俺はこうした現状を知ってもらうとともに、国の積極的な保護活動を促すために、議員として国会で何度も質問してきた。

たとえば、沖縄でサンゴを好物にするオニヒトデが異常発生し、白化現象の被害が急速に広がった問題を取り上げたこともある。

そもそもオニヒトデの大量発生は、天敵であるホラガイを乱獲したことが大きな原因なのだ。しかし、俺の問題提起によって日本の政治家のサンゴ礁への関心はどこまで高まったのだろうか……。いささか心もとない気はする。

もちろん、俺自身もここまで手をこまねいてきたわけではない。パラオの美しいサンゴ礁を守るために基金を設立し、さらにイノキアイランドでサンゴの増殖事業にも取り組んだ。

夜光虫が集まり、幻想的に輝く夜の海

イノキアイランドには姉や兄と一緒に行ったこともある。

総勢7名。姉の一人はアメリカ暮らしが長く、便利な生活に慣れているので、夜は首都コロールにあるホテルに帰すつもりだった。何かと意見を言う姉で、島に泊めると厄介なことになると思ったのだ（笑）。ところが、「私もここに泊まる」と言うではないか。

イノキアイランドには板敷きの小屋しかない。だから、寝るときは浜辺の気に入った場所にエアマットを敷いて横になるだけだ。

ちょうど新月の頃だった。夕食を終え、たき火を始めた6時頃には潮がかなり満ちてきた。しかも無数の夜光虫が集まってきて満ち潮をブルーに輝かせ、幻想的な景色をつくった。その

美しさは筆舌に尽くし難く、まるで自分がディズニーアニメの世界に入り込んだようでもあった。

翌朝、姉が珍しく俺にお礼を言った。

「こんなステキな体験をさせてもらって、ありがとう。ホントに感動したわ」

イノキアイランドにはテレビや冷蔵庫のような文明の利器は何もない。携帯電話も通じない。日本にいるときのような喧騒もなければ、余計な情報も一切、入ってこない。だから、人の心を豊かにしてくれるのだ。まさに地球の最後の楽園である。

島とは切っても切れない縁

今の俺には金持ちになりたいとか、天下を取りたいといった欲望はない。そんなことより地球のために今、自分ができることをしたい。それを考えるのにパラオほど適した場所はない。パラオは俺の心の洗濯をしてくれる安息の地であると同時に、発想の転換を促してくれる島なのだ。

パラオで日常から解放され、頭が空っぽになると、得意のダジャレも、なぜか冴えてくる(笑)。

ヤシの実は、どこで、どの季節に獲れるか？

「ココナツ（ここ夏）」

というわけで、頭も柔軟になってくる（笑）。

振り返れば、俺はなぜか島とは縁がある。

ブラジルで興した事業会社「アントン・ハイセル」の経営破綻や新日本プロレスの人気低迷という袋小路の中で行ったのが、１９８７年のマサ斎藤との「巌流島決戦」だった。

小さな無人島で行った時間無制限、ノールール、無観客という前代未聞の試合はプロレスファンの枠を超えた大きな話題となった。そもそも日本自体が島国である。

俺が参議院議員となって最初の外交先もカリブ海に浮かぶ島国キューバであり、日本の政治家として初めてカストロ議長と会談することもできた。

カストロ議長とは意気投合し、「友人・猪木の島」と名づけられた島までプレゼントされた。

実は、猪木の島の周囲には75隻もの船が沈んでいて、財宝を積んだ船も少なくないらしい。ほとんどの沈没船が水深２５０～３００㍍のあたりにあり、正確な位置も、すでに衛星で確認できている。日本だけでなくアメリカのテレビ局も乗り気だから、本来なら、キューバでの宝探しは政治家を引退した今こそ絶好のチャンスかもしれない。

今度は難病の挑戦を受けてやる！

一般にプロレスラーは短命だ。

刺されて39歳で逝ったオヤジ（力道山）は別にしても、ジャンボ鶴田や橋本真也も40代で亡くなっている。ジャイアント馬場さんが61歳だった。

俺と同じ1942年生まれ、そして俺とは「巌流島の決闘」をはじめ、数々の名勝負を繰り広げたマサ斎藤も、75歳で逝ってしまった。

日本だけでなく海外を見渡しても、俺より上のプロレスラーはほとんどいなくなってしまった。

かくいう俺自身も体のあちこちにガタがきている（笑）。持病の糖尿病に加え、2年前には腰の神経の手術を行ったため、満足に歩くことも難しくなった。さらに、昨年、心アミロイドーシスという100万人に数人という難病中の難病にかかってしまった。

心アミロイドーシスとは心臓の心筋細胞間質にアミロイドという悪い膜ができる病気で、心臓の機能が落ち、全身に充分な血液を送ることが難しくなる。その結果、心不全を招くことにもなるのだ。

考えてみると、数年前から階段の上り下りで息切れすることが多かった。自分では単に老化しただけだと思っていたが、そうではなかった。どうやら、アミロイドという病巣が原因だったようだ。腰の手術をしてから、車椅子生活を余儀なくされたときも、足がむくみ、冷えやすくなった。これも心アミロイドーシスの症状の一つらしい。

今は無理せず、体がキツいと思ったら、休むようにしている。昨年、妻を亡くし一人暮らしなので、転倒してケガでもしたら厄介だ。それでも体を動かさなければと思って、自宅の廊下を歩くようにはしている。

食事については事務所の関係者が用意してくれるから心配はない。ほとんどはサラダと適当なおかずの類いで、炭水化物はほとんど摂らない。

肉も昔は3キロくらいをペロリと平らげたものだが、今はヒレ肉をつまむ程度（笑）。というのも、体重増に敏感になったからだ。体重が1キロ、2キロ増えただけでも体が重く感じられる。おそらく心アミロイドーシスと体重とは関係があるのだろう。

もう以前のような生活に戻るのは難しいかもしれない。しかし、俺は少しも悲観していない。むしろ心アミロイドーシスのおかげで、今一度自分にムチを打たなければと思うようになった。

人間、誰しも歳を取るし、体は老いていく。70歳を過ぎると、たいていの人が自分でも驚くほど老いを実感することになる。もちろん、そこにはさまざまな病気も待っている。

だったら、それを克服していくだけだ。

俺は現役時代、「誰の挑戦でも受ける」と豪語し、それを実践してきた。今度は病気だ。それも難病中の難病、心アミロイドーシス。こいつが俺に挑戦してきた。だったら、闘って、勝ってやろうじゃないか。そんな気持ちでいる。元気になったら、再びパラオにも行くつもりだ。

自分が必要とされること、それが生きる原動力

ここ数年、イベント会場や空港などで俺の姿を見つけたファンに、「猪木さん、１００歳まで元気でやってください」と、声をかけられることが多い。しかし、さすがの俺も、そこまでは無理だろうと思う。

政府は「人生１００年時代」などと安易に提言しているが、１００歳まで生きることがはたして幸せなのだろうか。最近問題になっている年金政策一つ取っても、この国で１００歳まで生きることに不安を感じない人はいない。まだ体が健康で、元気だったらいい。しかし、寝たきりのまま１００歳まで生きるのは、やはり辛い。

だから、90歳まで生きようとか、１００歳まで生きようといった年齢的な目標を持とうとは思わない。大事なのはどう生きるかだ。来年死のうが、80歳で死のうが、90歳で死のうが、自

分の頭で考え、自分の意思で行動し続けていたい。

俺は自分の人生からリタイアしようとも思わない。リタイアとは、俺にとっては死ぬことと イコールだ。

考えてみれば、俺には趣味というものがない。一般的には、会社を定年になった人は趣味の世界に生きるようになるようだが、趣味のない俺にはその感覚がよく分からない。

周りの同年代の友人、知人を見ると、釣りやゴルフに興じることが多い。しかし、俺には彼らがそうした趣味を心の底から楽しんでいるようには思えないのだ。はっきり言えば、現役でバリバリ仕事をしているときのほうが、彼らの顔は輝いて見えた。

趣味がない俺について、こんなことを言った人がいる。

「猪木さんは世界中いろんなところに行っているじゃないですか。プロレスラーとして現役だった頃はもちろん、国会議員になってからも世界各地を飛び回っている。アマゾンの奥地からアフリカの草原まで、人が行かないところに行って、たくさんの人に会い、いろんなものを食べ、いろんな体験をしている。だから、旅行が趣味と言ってもいいんじゃないですか」

たしかに、一理ある。俺は知らない土地を旅するのが好きだ。まだまだ行きたいところは山ほどある。チャンスがあれば、車椅子でも出かけて行きたいと思う。

しかし、俺の中では、これまで趣味で旅行をしてきたという感覚はまるでない。現役時代はプロレスの試合をするためにさまざまな国に行った。

国会議員となってからは、政治活動の一環として、あえて他の議員が行こうとしない国を視察した。「平和」や「環境」という目的があったから、どんな危険な場所にも出向いたのだ。実際、俺に来てほしいという人たちは後を絶たなかった。

つまり、アントニオ猪木という存在が必要とされているから、俺は情報が一切入ってこないような未知の国へも行ったのである。

人生の意味もそこにあるような気がする。誰かに「必要とされている」ことが生きるモチベーションにも、原動力にもなるのである。

日本は超高齢化社会だと言われるが、これも悪いことばかりではない。経験と知識がある老人だからこそ活躍できる場は少なくない。安易に楽な道を選択する前に、自分を必要としてくれる場所を見つけたらどうだろう。人生はもっと生き生きと輝くはずだ。

安逸に暮らしていたら、頭の回転だって鈍くなる。適度な緊張感があるから、脳は刺激され、活性化するのだ。死ぬまで自分を必要としてくれる人がいて、必要とする場所があるから、頭もボケないんじゃないかと、俺は考えている。

波乱万丈こそ人生のパートナー

俺は学歴もなければ、人に自慢できるような知識や教養もない。そして、体のほうはすっかり老いた。しかし、頭のほうは至ってクリアだ。物忘れもほとんどないし、人に同じことを何度も何度も言うようなこともないらしい（笑）。それもこれも、常に目の前に困難なハードルがあるからで、頭を休めている暇がないというわけだ。

これまで、いろんな事業をやっては失敗した。多額の借金もした。幾多の挫折もあった。そんな俺の人生を、人は波乱万丈だと言う。俺はそんな生き方について少しも後悔していない。波乱万丈こそ人生のパートナーであり、人生の価値とは挫折を乗り越えることができたかどうかで決まるとさえ思っている。

現在、俺が全力で取り組んでいるのは、「水プラズマ」だ。環境汚染の対策として、水プラズマを使って廃棄物処理を行なう技術で、これを開発したのは九州大学の渡辺隆行教授だ。

通常のゴミの処理方法は燃やすことだ。しかし、燃やせば二酸化炭素が発生し、環境を汚染する。ところが、渡辺教授の開発した1万度以上にも達する水プラズマの技術を使えば、瞬時にゴミは消滅し、水素に変化してしまうのだ。当然、二酸化炭素は発生しない。

俺はたまたまテレビで渡辺教授の水プラズマ技術による廃棄物処理の特集を見て感銘を受

け、すぐに渡辺さんに電話を入れ、協力を申し出た。

アントニオ猪木に何ができるのだと考える人がいるかもしれない。あるいは、ブラジルにおけるアントン・ハイセル事業の失敗を見て、

「また、猪木がおかしなものに手を出した。どうせ夢物語に終わるさ」

と思う人もいるだろう。そんな批判はつゆほども気にしない。実現可能か否かはやってみなければ分からない。あのモハメド・アリ戦のときも、よってたかって、いろんな人が絶対に不可能だと言ったのだ。結果はどうだったか。

何もしないで、頭でっかちになって批判するだけのヤツには批判させておけばいい。

俺自身はこの年になって、自分の中で燃えるものに出会えたことに感謝している。

「猪木が水プラズマ？　えっ、それって何だ」

そう思ってもらえるだけでも大きい。何しろ、現段階では水プラズマのことを知る人はほとんどいないのだ。だったら、俺が広告塔になればいいと思っている。発信力だけなら、渡辺教授ら科学者より、俺のほうが格段に優れている。だったら、アントニオ猪木の名前を存分に利用すればいいのだ。

国会議員として培った人脈もある。すでにフィリピン政府がこの技術を本格的に稼働するために協力することになっている。

もともとフィリピンは、日本のメディアが何度も取り上げているようにゴミ山が多い。ゴミ山からゴミを拾い、それを生活の糧にしている「スカベンジャー」の存在も知られる。それだけに、フィリピン政府も水プラズマには期待しているのだ。すでに、コロナ終息後を視野に入れ、フィリピンでデモンストレーションを行う準備もできている。

水プラズマが解決するのは普通のゴミだけではない。福島原発の汚染水も水プラズマによって分離することが可能だ。震災のがれきも一瞬にして消すことができる。要するに地球の環境問題を一気に解決する可能性を秘めているのだ。

今、俺はかつて異種格闘技戦でさまざまな難敵と闘ったとき以上に熱く燃えている。残りの人生を捧げる覚悟でこのプロジェクトに取り組んでいくつもりだ。

アントニオ猪木を超えて行け！

近年、日本人のスケールが小さくなったような気がしてならない。

典型的なのが政治家だ。自分の言葉で、日本の未来、日本のグランドデザインをどうするのかを語ってくれる政治家がいない。それなりに語っているのかもしれないが、国民には伝わっていない。右とか左とか、保守とか革新とか、そんな思想を超えて、日本人に向けてメッセージを発信している政治家がいなくなった。

外交のビジョンも見えてこない。はっきり言ってしまえば、アメリカにペコペコし、ときには尻尾を振り、中国に対してはビクビクしながら、様子をうかがっているのが日本の外交だ。

そうした日本の政治の実態を白日の下にさらしたのが、新型コロナの感染拡大だったかもしれない。一国の総理大臣も、担当大臣も、官僚の書いた作文を読み上げるだけで、自分の血の通った言葉で国民に向けて語ろうとしない。

必死に、そして真摯に、自分の言葉で国民に語りかける諸外国の政治家との差は歴然だ。

残念ながら、日本の政治家には命を賭して自分の国を守ろうとする迫力が感じられない。こんなことで、社会が劇的に変化して行くであろうアフターコロナの時代に、世界のリーダーと渡り合って、日本をより良い方向に導けるのだろうか。

俺を育ててくれたプロレスの世界を見渡しても、これはという人材が見当たらない。興行的にはうまく行っているのかもしれないが、真のスター選手は誕生していないのではないか。

プロレスファンの間では名前を知られているレスラーはいるだろう。しかし、日本人の誰もが知っているようなレスラーはいない。みんな小粒なのだ。プロレスという枠を超えて、広く認知されるようなレスラーは今のところ現れてはいない。いつのまにかプロレスは、一部のファンのためのマイナーな格闘技になってしまった感さえある。

力道山、ジャイアント馬場、アントニオ猪木。3人とも、その名前はいまだに全国区だ。好き嫌いは別にして、現役時代は日本人の誰もが知るプロレスラーだった。

俺がオヤジの存在を超えようとアリ戦を仕掛け、世界各地に遠征したように、今の現役レスラーにも、アントニオ猪木を凌駕するようなサプライズを仕掛けてほしいと切に願っている。

それこそが日本中、いや世界中の人々に夢を提供することである。

何か新しいこと、誰も考えなかったことをやろうと思えば、必ず足を引っ張るヤツが現れる。他人の成功を素直に喜べないような心の狭いヤツはどんな世界にもいる。

しかし、そんなヤツらに邪魔されようが、足を引っ張られようが、前を見て全力で走ってほしい。困難や障害はむしろエネルギーになるはずだ。

目の前に理不尽があったら、蹴飛ばせ！

世の中の常識となれ合うな！

心配ばかりして、一歩を踏み出すことを恐れるな！

先輩を超えて行け！　師匠を凌駕しろ！

そんな気迫がなければ時代は変わらない。

「アントニオ猪木、誰だ？　そんなヤツいたっけ？」

それくらい豪語できる後輩が出現するのを俺は待っている。

馬鹿になれ！

リーダーの条件は4つあるという。

まずはボス猿であること。統率力と人望に恵まれ、仲間を守るために命を張る覚悟があるということだ。2番目は予言者であること。現状を把握し、先を見通す力が備わってなければならない。3番目は演技者であること。リーダーは、ときには巧みな芝居で人を欺くことも求められる。タフな相手と交渉する際には不可欠な要素といっていい。

4番目は道化になれること。要するに馬鹿になれるということである。

これまで俺は世界中のさまざまなリーダーと会ってきたが、この4つの条件を兼ね備えていると思ったのが、キューバのカストロ議長だ。彼の類まれなリーダーシップがなければ、アメリカの隣にある小さな共産主義国家が今日まで生き延びることはなかっただろう。

そして、今、俺がリーダーだけでなく、日本中の人たちに一番問いたいのが4番目の「馬鹿になれ」ということである。

これが簡単なようで、実はなかなか難しい。時代が裕福になり過ぎたということもあるだろう。みんな小利口になってしまった。見栄を張り、かっこつけるばかりで、他人の痛みを感じようとしない。危険なことには無関心を装い、失敗が怖いから、行動が伴わない。
　かつて俺はそんな思いを詩に託したことがある。

馬鹿になれ
とことん馬鹿になれ
恥をかけ
とことん恥をかけ
かいてかいて恥かいて
裸になったら
見えてくる
本当の自分が
見えてくる
本当の自分も笑ってた……
それくらい
馬鹿になれ

（猪木詩集『馬鹿になれ』より）

「馬鹿になれ」とは何も馬鹿正直に生きろと言っているのではない。自分の夢を実現するためなら、失敗を恐れることなく、大胆に行動しろということだ。

他人の目を気にして、小さくまとまる必要はない。

恥ずかしいと思う気持ちも、妙な執着も、すべて捨て去り、虚心坦懐に命懸けで取り組めば、一度や二度の挫折はあっても、夢はきっと成就する。

俺がこれまでの人生がまさにそうだった。世界中を飛び回り、さまざまな人たちに会って学んだのは、まさにそういうことだった。自己保身に走り、責任逃ればかりしていたら、人は誰も信用してくれない。

恥をかけ。馬鹿になれ。そうすれば、自ずと道は開ける。それがどんなに険しい茨の道であっても、まずは一歩を踏み出すことだ。

小さな一歩で、未来は大きく変わる。

最後に

昨年8月、妻の田鶴子があの世へと旅立った。カメラマンでもあった田鶴子は入籍する以前から俺と行動を共にし、素晴らしい写真を撮り続けてくれた。北朝鮮を訪朝したときの写真を始め、この本に掲載された写真の多くも彼女によるものだ。

田鶴子は俺の波乱万丈の人生における最後の、そして、最高のパートナーだった。

目を閉じれば、今も彼女と過ごした日々が鮮やかに蘇る。

一緒に世界中を駆け巡り、一緒に食べ、飲み、語り、かけがえのない時間を過ごした。

仕事においても、社会貢献活動においても、私生活においても、つねに陰で俺を支えてくれた。健康管理もスケジュール管理も、すべて彼女に任せてきた。

俺のように思い立ったら後先考えずに走り出してしまう人間がここまでやってこられたのは、彼女が献身的に尽くしてくれたからだと心の底から感謝している。

田鶴子がいなくなった喪失感は言葉では言い表せないほど大きい。まさか俺より先に旅立つことになるとは思ってもいなかった。しかし、今は彼女のためにも、俺は前を向いて挑戦し続けなければならないと思っている。きっと、田鶴子も、俺が人生の最後のリングでどう戦うかを、あの世から見守ってくれているはずだ。

参考文献

『闘魂外交　なぜ、他の政治家が避ける国々に飛び込むのか？』アントニオ猪木 著（プレジデント社）

『アントニオ猪木自伝』猪木寛至 著（新潮文庫）

『猪木詩集 馬鹿になれ』アントニオ猪木 著（角川文庫）

『アントニオ猪木引退記念 ファイト縮刷版』週刊ファイト編集部（双葉社）

『おどろき、ももの木、アントニオ猪木』渋澤恵介 著（晋遊社）

『元気ですか!? ニッポン!!』アントニオ猪木 著（ポプラ社）

『元気があれば何でもできる!』アントニオ猪木 著（KKロングセラーズ）

『闘魂伝説の完全記録 VOL.5』アントニオ猪木 責任編集（パラス）

本書は、『週刊大衆』（2018年12月3日号～2020年8月3・10日号）の連載『アントニオ猪木「海の向こうの闘魂秘録」』を、加筆修正し、まとめたものです。

アントニオ猪木

あんとにお・いのき

本名・猪木寛至。1943年2月20日、横浜市鶴見区生まれ。14歳で家族とともにブラジルに移住。1960年、力道山にサンパウロでスカウトされて帰国し、日本プロレスに入団する。1964年からアメリカで武者修行をし、1966年、東京プロレスを旗揚げ。翌年、日本プロレスに復帰も、1972年に再度、新日本プロレスを旗揚げする。「ストロングスタイル」を掲げ、異種格闘技戦に挑戦。1976年にはボクシングヘビー級王者のモハメド・アリとの「格闘技世界一決定戦」を行う。1989年にスポーツ平和党を結成。参議院議員選挙に出馬し、プロレスラー初の国会議員になる。1998年4月、現役引退。2013年より2期目の参議院議員を務め、2019年6月に政界引退。2020年2月に喜寿を迎えた。

アントニオ猪木《いのき》　世界闘魂秘録《せかいとうこんひろく》

2020年10月3日　第1刷発行

筆者　アントニオ猪木
発行人　島野浩二
発行所　株式会社　双葉社
〒162-8540　東京都新宿区東五軒町3-28
TEL 03-5261-4827(編集)　TEL 03-5261-4818(営業)
http://www.futabasha.co.jp/
(双葉社の書籍・コミック・ムックが買えます)
印刷所　三晃印刷株式会社
製本所　株式会社若林製本工場
構成　米谷紳之介
装丁　bookwall

カバー写真　右列上から2番目、左列一番上／コーラルゼット提供、右列上から4番目、左列上から3番目／原悦生、残りは東京スポーツ新聞社

口絵写真　P1、P3、P6、P7、P8／コーラルゼット提供、P5／原悦生、P2、P4／東京スポーツ新聞社

本文写真　P33、P46、P236、P243／コーラルゼット提供、P181、P203、P210／原悦生、P64、P69、P92、P104　P131、P156／東京スポーツ新聞社

制作協力　甘井もとゆき(コーラルゼット)

乱丁・落丁本は、送料小社負担にてお取り替えいたします。〈製作部〉宛にお送りください。ただし、古書店で購入したものについてはお取り替えできません。
〈電話〉TEL.03-5261-4822(製作部)

ISBN　978-4-575-31579-0　C0095